## KOUAMÉ

En 2012, alors qu'il a 14 ans, les parents de Kouamé sont assassinés et sa sœur est violée sous ses yeux. Contraint de quitter son pays, le jeune homme est jeté sur les routes impitoyables de la migration… Un enfer qui durera quatre ans.

Kouamé nous raconte cet exode dans *Revenu des ténèbres*, paru aux éditions XO en 2018, qui a reçu le Prix des Droits de l'Homme la même année.

GW00384115

# REVENU DES TÉNÈBRES

# KOUAMÉ
*Avec la collaboration de Lionel Duroy*

# REVENU
# DES
# TÉNÈBRES

RÉCIT

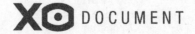

Pocket, une marque d'Univers Poche,
est un éditeur qui s'engage pour la préservation
de l'environnement et qui utilise du papier fabriqué
à partir de bois provenant de forêts gérées
de manière responsable.

© XO ÉDITIONS, 2018
ISBN : 978-2-266-29222-1
Dépôt légal : avril 2019

À tous les migrants morts en mer.

# 1.

## *Mon père*

Mon père était un homme très gentil, il faisait tous les jours des blagues à la maison. Des petites blagues, des trucs pas vrais. J'aimerais pouvoir oublier, mais je me souviens de tout. J'aimerais pouvoir ne plus penser à mes parents, c'est trop douloureux, mais je n'y arrive pas. Mon père avait les mots pour que ma mère soit heureuse, pour que ma mère rigole et que nous aussi, les enfants, on rigole.

Il aimait se mettre devant. Quand il était avec ses amis, il fallait qu'il prenne la parole, que les gens remarquent qu'il était là. Un peu comme moi. Quand je suis avec mes amis, j'ai envie qu'on sache que je suis là. Il n'aimait pas les enfants qui volent, qui traînent dans la rue, qui ne veulent pas réussir. Par contre, il n'aimait pas taper. C'était ma mère qui aimait beaucoup taper. Ma mère, elle nous tapait pour qu'on soit directs. Mais lui, il criait un peu et c'était bon. Je crois que mon père ne m'a tapé qu'une seule fois. Une fessée. Une seule fois dans ma vie et ça me fait encore mal parce que je ne voulais pas le décevoir.

Mais ma mère, comme elle avait l'habitude de me taper, ce n'était pas grave.

Il sortait de la maison le soir et souvent il ne rentrait pas vite. Vers minuit peut-être. Ma mère, ça l'énervait quand c'était comme ça. « S'il vient, il va me connaître, elle disait. S'il vient, je vais le chauffer. » Elle était fâchée. Ma grande sœur riait : « Tu ne peux rien faire contre lui, maman, on te connaît. Quand il va venir, il va te blaguer et tu vas rigoler. » Il savait qu'il était dans l'erreur, alors il avait tous les mots pour convaincre ma mère. « Ma femme, elle est belle, ma femme, elle est la plus belle femme du monde ! » Il la prenait dans ses bras, elle ne voulait pas. Il essayait de l'embrasser, elle le repoussait. Des choses comme ça. Mais, à la fin, elle commençait à rigoler, elle était de moins en moins fâchée. Il n'aimait pas demander pardon. « Un garçon, Kouamé, il ne doit pas demander pardon à sa femme. Si tu lui demandes pardon, même si tu as tort, alors petit à petit elle va te monter dessus. Essaye de lui faire des blagues, de la faire rire, mais ne lui demande jamais pardon. » C'était le conseil qu'il me donnait.

## 2.

### *Ma mère*

Mon père aimait beaucoup ma mère. C'était depuis le lycée qu'il était derrière elle, qu'il voulait la marier. Elle était dans le même lycée que lui. C'était une femme plus claire, très belle. Chez nous, quand une fille est plus claire, tu ne vas pas la lâcher. Beaucoup de femmes noires font des produits pour devenir claires, mais les vraies femmes claires, elles sont rares. C'est pour ça qu'en Afrique on leur saute dessus. Mon père a fait tout son possible pour avoir ma mère.

Elle nous racontait qu'il était brillant à l'école, toujours dans les trois premiers de la classe. Alors ça l'amusait de rester avec un garçon comme mon père qui n'aimait pas la défaite. Elle était en troisième quand elle est tombée enceinte de ma grande sœur, c'est pourquoi elle nous disait chaque fois que notre père l'avait empêchée de finir ses études. Elle n'avait pas son bac, obligée d'arrêter l'école à cause du bébé.

Elle est retournée au village et elle a dû annoncer la nouvelle à ses parents. En Afrique, c'est courant d'avoir un enfant très tôt, au lycée, bien avant le mariage. « Qui t'a enceintée ? » lui ont demandé son père et sa mère. Elle a dit le nom de mon père et ses parents sont allés trouver les parents de mon père qui habitaient le village voisin. « Voilà ce que votre fils a fait, vous êtes responsables. » Mon grand-père a dit : « D'accord, j'accepte. » Alors ma mère est restée chez ses parents, dans son village, mais à partir de là mon grand-père paternel a tout payé pour elle, l'accouchement, la nourriture, les vêtements. Il a tout payé pour ma grande sœur et ma mère jusqu'à ce que mon père ait fini ses études et puisse prendre le relais. Mon grand-père venait et donnait de l'argent pour les deux. Pendant quatre ou cinq ans il a donné de l'argent à la famille de ma mère.

Mon père allait voir sa future femme et sa fille, discuter avec ses beaux-parents pour les mettre en confiance. Puisque son père avait les moyens, les parents de ma mère n'ont pas trop bousculé les choses. Ils ont vu que mon père était brillant et qu'il voulait vraiment marier leur fille. Mon père nous disait souvent que c'est grâce à notre mère qu'il a eu le courage d'aller au bout de ses études. Il la voulait vraiment, et pour l'avoir il devait se donner les moyens de s'occuper d'elle. « Je me suis battu pour avoir votre mère », il nous disait tout le temps.

« Même s'il n'avait pas réussi, je serais restée avec lui parce que je l'aimais », rétorquait notre mère. Mais notre père ne le croyait pas. « Ouais, il me disait, les femmes c'est comme ça, si tu n'as pas les moyens elles s'en vont. Donc il faut travailler pour qu'elles restent. Il faut qu'elles se sentent en sécurité. » Il m'expliquait ce qu'un garçon doit faire pour sa femme : « Kouamé, si tu veux avoir une bonne femme dans ta vie, la femme que ton cœur te désigne, va à l'école et travaille. Si tu travailles, tu peux avoir la femme que tu aimes. Mais si tu ne travailles pas, que tu n'as pas de boulot, elle ne va pas te respecter parce que tu n'arriveras pas à t'occuper d'elle et un jour elle partira. »

# 3.

## *À la maison*

Ma grande sœur prenait beaucoup de conseils auprès de ma mère, et moi auprès de mon père.

Ma mère était dans la cuisine avec ma grande sœur. Les conseils que j'entendais, c'était que ma grande sœur devait respecter son futur mari, toujours, qu'elle devait apprendre à faire la cuisine pour lui, à faire la lessive pour lui, apprendre à bien se comporter.

Quand mon père regardait la télévision, je venais m'asseoir à côté de lui. Je voyais des choses, je lui demandais : « Ça, c'est quoi ? Et ça, c'est quoi ? » Il m'expliquait. Souvent, je tournais derrière, je m'en allais demander à ma mère. « Voilà ce que papa m'a dit, est-ce que c'est vrai ? »

Le soir, il ne rentrait pas vite. Ou il ressortait voir ses amis. Alors nous, on mangeait avec ma mère et on gardait pour lui. Mon père rentrait au milieu de la nuit et il venait me réveiller. Je me relevais et j'étais content de manger encore une fois avec lui. Je disais : « Comme tu manges, moi aussi je vais manger. » C'était une fierté de manger avec mon père. Même quand je n'avais pas faim, je mettais la main dedans. Pour discuter, pour parler. Comment j'allais ? Est-ce que j'avais bien fait mes devoirs de maths ? Comment s'était passée la journée ?

Mon père gagnait très bien sa vie, on habitait une belle maison. Trois chambres, un salon, dans le quartier chic de la capitale. Quand je revois la maison… ce n'est pas donné à tout le monde d'habiter une villa, par là-bas. On avait une voiture aussi. Si on voulait sortir tous les quatre, aller au cinéma, au restaurant, on sortait avec la voiture.

Mais chez nous, ce n'est pas trop bien vu d'aller au restaurant. Ma mère cuisinait plutôt à la maison. Si mon père avait envie de manger telle ou telle nourriture, il suffisait qu'il le dise : « J'ai envie de manger ça. » Ma mère disait : « OK, je suis prête à le faire, mais par contre il faut me donner l'argent. » Mon père donnait l'argent et elle allait au marché pour acheter tout ce qu'il fallait pour faire plaisir à mon père. Et tout le monde était content.

En plus, mon père donnait de l'argent chaque semaine à ma mère, « ton argent de poche », il disait. Lui, il avait eu son bac, il avait fait trois années de licence de physique-chimie et maintenant il était professeur dans la fonction publique. Jusqu'à la fin de sa vie il serait bien payé, on ne risquait rien.

Ma mère travaillait aussi, elle faisait des petits gâteaux ronds qu'elle vendait sur une table au bord de la route. Tous les jours, deux à trois cents petits gâteaux. Chez nous, ça se fait, les gens s'arrêtent et t'achètent.

Certains jours, elle regrettait de n'avoir pas fait d'études, de ne pas être fonctionnaire comme notre père, mais à d'autres moments elle disait qu'elle était heureuse comme ça – « Je suis contente parce que j'ai un bon mari et deux enfants qui vont à l'école. Si vous étudiez, mes enfants, ça me va. Je ne demande pas plus. »

# 4.

## *Mon grand-père*

Quand on allait au village de mon père pour les vacances, j'étais content. Ma grande sœur, elle, n'aimait pas trop, mais moi j'adorais. Au village, tu peux sortir quand tu veux, tu peux aller jouer avec tes amis, même si tu ne les connais pas tu peux jouer avec. Mon père me laissait, il s'en foutait, il savait que je ne pouvais pas me perdre. On commençait le foot à 7 heures du matin jusqu'à midi. Il pleuvait ? On jouait quand même, dis donc. Tant que ma mère ou ma grande sœur ne venait pas m'attraper pour me dire de rentrer à la maison, je jouais le foot. C'était tous les jours la fête.

Je me souviens de la première fois où j'ai vu mon grand-père, assis dehors dans son canapé, devant la maison. Mon père a dit : « Voilà ton petit-fils », et tout de suite j'ai voulu rester avec lui. Un homme avec une barbe blanche, des cheveux aussi blancs que le sable. Je ne voulais plus aller avec mon père. En Afrique, au fur et à mesure que tu prends de l'âge, tu deviens un peu le roi. Tout le monde a envie de rester avec toi, tout le monde a envie de t'entendre parler, d'écouter ton expérience. On dit qu'un vieux assis voit plus loin qu'un jeune debout. Vers 17 heures, il aimait qu'on vienne s'asseoir autour de lui. Souvent, il m'insultait parce que je me foutais de tout. J'étais jeune en ce temps-là, si on m'appelait, je m'en allais jouer et je ne revenais pas. « Kouamé, tu es impoli, tu ne respectes rien… » Et moi, ça me plaisait que mon grand-père m'insulte. Chez nous, quand quelqu'un d'âgé te gronde, tu peux être fier parce que c'est le signe qu'il s'intéresse à toi, qu'il croit en toi. Lui, il a fini sa vie, hein, alors pourquoi il se donnerait la peine de te parler, à toi qui ne sais rien, qui n'as rien vu, s'il ne t'aimait pas ?

Vers la fin de l'après-midi, tous les garçons se retrouvaient avec mon grand-père tandis que les filles étaient à la cuisine. Si tu es une fille, à partir de dix ans il faut que tu sois avec ta mère à la cuisine. Pour apprendre.

Au village, on mangeait à 18 heures. Mon père et mes oncles avec mon grand-père. Chacune des quatre femmes de mon grand-père lui apportait un plat qu'elle avait préparé pour lui. S'il n'en avait goûté qu'un seul, ça aurait fait des bagarres entre les femmes, alors il était obligé de manger un peu de chaque plat. Moi, je mangeais avec les jeunes enfants de la maison, tous dans la même assiette. « Si vous mangez ensemble, vous aurez les mêmes opinions, m'avait expliqué mon père. Tandis que si tu manges seul, tu resteras toujours tout seul. » Aujourd'hui, je sais qu'il se trompait. Quand le drame est survenu, je me suis retrouvé seul. La nourriture prise ensemble ne suffit pas à créer l'amitié et la solidarité dont j'aurais eu besoin.

Donc, mon grand-père mangeait un peu de la nourriture de sa première femme avec mon père et mes oncles, et puis il nous donnait le reste du plat, à nous, les enfants. Alors on apportait ce qu'avait préparé la deuxième femme, les hommes en prenaient un peu et l'assiette nous arrivait. Et ainsi de suite pour les quatre plats.

Après ça, on allumait le feu et mon grand-père nous racontait des histoires de griots qui nous faisaient peur. Ou des histoires pour nous dire de ne pas aller dans tel ou tel coin du village. Les esprits dont parlaient ces histoires, on ne les a jamais vus, mais il prétendait que c'étaient eux qu'on entendait hurler le soir – Hou ! Hou ! Hou !… La nuit tombait, nous les enfants on se rapprochait de son canapé parce qu'on avait de plus en plus peur. Il était fatigué, il n'avait presque plus de voix, il fallait tendre l'oreille.

# 5.

## *Au village*

J'ai laissé au village mes plus beaux souvenirs d'enfance mais, aujourd'hui, avec le recul, je ne comprends pas comment les gens, là-bas, peuvent se satisfaire de cette vie. Leur emploi du temps se résume à se réveiller le matin pour aller aux champs, à voir passer le soleil au-dessus de leurs têtes, puis à manger et à dormir. Est-ce que c'est une vie, ça ? Ils n'ont pas l'électricité, ils doivent aller chercher l'eau au puits, ils n'ont ni poisson ni viande pour mettre dans la sauce. Et pourtant, ils sont contents comme ça, tu ne peux pas les convaincre d'aller à l'école.

Quand ton père a fait des études, qu'il travaille comme notre père travaillait, tu vois la différence avec les autres enfants. Ma grande sœur et moi, chaque matin on buvait le café. C'est très cher, le café, c'est pas permis à tout le monde. Les « enfants du boss », ils nous appelaient. Parce que ma mère avait les moyens pour payer le café et le sucre. J'étais un enfant qui mangeait ce qu'il avait envie de manger. « Je m'en vais goûter », je disais à 16 heures, et eux ne savaient même pas ce qu'on appelle « le goûter ».

Ça me fait mal, aujourd'hui, de repenser à ça, mais sur le moment je ne voyais pas l'injustice.

L'injustice, et le danger aussi. « Kouamé, disait mon père, si c'est ta grand-mère qui t'appelle pour manger quelque chose, tu peux y aller et manger tout ce que tu veux. Elle est contente de t'avoir comme petit-fils, jamais elle ne te fera du mal. Mais prends garde aux trois autres femmes, elles sont jalouses, alors si elles t'appellent n'y va pas, ne réponds pas. Tu m'entends ?

— Pourquoi je ne dois pas y aller ?

— Parce qu'elles pourraient te mettre quelque chose dans la nourriture.

— Qui me ferait mal ?

— Qui pourrait te tuer, mon fils. »


Ma grand-mère était la deuxième femme. Toutes les quatre vivaient dans la maison de mon grand-père, et nous aussi. Chaque femme avec ses enfants et ses petits-enfants. Une grande maison construite sans ciment, juste de la terre rouge séchée, avec un toit de tôle ondulée et dessous des chambres et des chambres. Certains des enfants de mon grand-père avaient mon âge, ils étaient mes oncles mais on jouait le foot ensemble. Tout le monde sous le même toit, et ça se passait bien entre nous. Si mon père ne m'avait pas mis en garde, je n'aurais pas su le danger.

Au début, je pensais que mon père n'avait qu'une femme parce qu'il n'avait pas les moyens d'en avoir plus. J'en déduisais que mon grand-père était immensément riche. Puis, en grandissant, et en écoutant mon père disputer mon grand-père, j'ai compris que c'était autre chose. « Même si tu as l'argent pour te marier quatre fois, ce n'est pas bien, disait mon père.

— Toi, tu es bête, tu n'y connais rien, rétorquait mon grand-père. Ce sont les femmes qui m'ont aidé à avoir des hectares et des hectares de terre. C'est grâce à elles que je suis devenu riche. »

Mon grand-père éclatait de rire. Il était fier, il était l'un des hommes les plus respectés du village. Si un conflit surgissait entre deux familles, c'est lui qu'elles venaient consulter. Sa parole avait la force de la loi. Est-ce qu'il n'avait pas réussi ? Est-ce qu'il n'avait pas fait de son fils un professeur, lui qui avait dû arrêter l'école en CE2 ? Alors pourquoi ce fils lui cherchait-il querelle pour ses quatre femmes ? Où était le mal ?

# 6.

## *Le grand rêve de notre père*

Mon père a commencé à dire que la plupart des gens dans notre pays manquaient de tout, qu'ils ne mangeaient pas à leur faim et ne pouvaient pas se soigner. C'était une chose qu'on voyait au village, mais qu'est-ce qu'on pouvait y faire ? Ma mère trouvait tout cela malheureux, d'autant plus que de nombreux politiciens africains volaient l'argent de l'État pour s'acheter des immeubles à Paris et des voitures de luxe – elle l'avait entendu dire à la radio –, mais qui serait jamais assez puissant pour les en empêcher ? J'avais onze ans, douze ans, je les écoutais bavarder et je sentais que ma mère s'énervait déjà comme si elle savait ce que mon père avait derrière la tête.

On voyait bien que lui s'intéressait beaucoup à la politique. Il lisait les journaux, tous les soirs il regardait les informations à la télévision. Moi, je m'en foutais de sa politique, mais je venais m'asseoir devant la télévision pour être près de lui et l'entendre dire de sa voix joyeuse : « Ah, mon fils ! Viens par ici, Kouamé, viens ! » Combien j'étais fier et heureux ! Sa main sur mon épaule, son rire, sa chaleur… On découvrait ensemble les rues de Paris, de Londres, de Bruxelles, on voyait que les Européens vivaient dix fois mieux que nous. « Regarde-moi ça, Kouamé : les Européens, ils n'ont rien, ni café, ni diamants, ni or, toutes ces richesses-là viennent d'Afrique, mais ce sont eux qui en profitent pendant qu'ici on n'a pas de quoi nourrir nos enfants. C'est ça qui doit changer. Tu comprends ? »

Il me disait aussi : « Quand les Français et les Allemands nous vendent leurs voitures, ce sont eux qui fixent le prix. Mais quand nous on leur vend notre or, ce sont encore eux qui fixent le prix. Tu trouves ça normal, toi ? »

Puis on s'est mis à parler de la réélection du président qui devait se tenir dans un an, peut-être, et mon père a dit que tout le monde devait le soutenir car lui seul était capable de « changer les choses » et de « sauver notre pays ». Ce soir-là, je m'en souviens, mon père nous a fait un véritable discours et, à la fin, notre mère lui a dit :

« Qu'est-ce que ça veut dire, soutenir le président ? Tu voteras pour lui, c'est tout ce que tu dois faire.

— Non, cette fois, je vais y aller, a rétorqué notre père, car si c'est l'autre candidat qui est élu, le pays sera livré aux pilleurs et à la guerre. »

Notre mère était en colère, elle est partie à la cuisine pour revenir presque aussitôt :

« Yao, tu peux faire ta politique à la maison autant que tu veux, mais tu ne dois pas te mettre devant.

— Rien ne changera jamais si tout le monde parle comme toi.

— Tu vas mettre la vie de nos enfants en danger, tu vas nous mettre tous les quatre en danger ! C'est ça que tu veux ?

— Mariam, tu vois le danger partout ! »

Il s'était levé, il avait feint de rigoler, tenté de la prendre dans ses bras, mais elle l'avait repoussé et cette fois il n'avait pas insisté.

« Ma chérie, je veux sauver notre pays et je te demande de me faire confiance, de ne pas t'inquiéter.

— Chez nous, un politicien n'a pas longue vie, et tu le sais très bien, avait-elle répondu, furieuse. Tu es professeur, tu as un bon salaire, qu'est-ce que tu vas chercher à te mettre devant ? Demande à tous les Africains, ils te le diront : la politique c'est dangereux. Tu vas condamner ta famille, voilà tout ce que tu vas gagner. »

Alors moi :

« Toi, maman, qu'est-ce que tu en sais ? Tu ne travailles pas, tu restes toute la journée à la maison. Papa sait bien ce qu'il doit faire, laisse-le ! »

Aujourd'hui, je pleure silencieusement en me remémorant mon arrogance d'enfant gâté. Ma mère seule avait vu le danger. Ni ma grande sœur ni moi ne pressentions les conséquences d'un tel engagement. Notre père en a-t-il envisagé la gravité une seule seconde, aveuglé par sa passion ? Je ne sais pas, je préfère ne pas le croire.

En Afrique, c'est l'homme qui détient le pouvoir dans le couple. La femme peut bien protester, crier, menacer, elle ne peut pas empêcher l'homme d'accomplir son rêve. Entrer en politique, devenir ministre peut-être, c'était le grand rêve de notre père. Notre mère aura tout tenté pour l'en empêcher – sans jamais être entendue.

# 7.

*« Fais attention, Yao !*
*Fais très attention ! »*

Les événements se précipitent au début de cette
année 2010. Le président sortant désigne ses porte-
parole pour la campagne électorale, et voilà que notre
père est nommé. Son nom et sa photo paraissent dans
le journal. Ma grande sœur et moi sommes très fiers.
Mais ce jour-là, notre mère ne sort pas de la cuisine
pour accueillir son mari. Lui, il a les yeux qui brillent,
il voudrait danser au milieu du salon, fêter cette première victoire, mais maman ne le laisse pas approcher.
La colère de sa chère Mariam le fait-elle douter ? Non,
il semble certain de la justesse de son combat et peut-
être même se voit-il déjà plus haut encore. Dans mon
souvenir, c'est ce soir-là qu'il nous raconte que le président, avant de se lancer dans la politique, était professeur d'histoire-géographie. « Nous, les professeurs,
dit-il en mangeant de bon appétit, sommes les mieux
placés pour enseigner la politique, c'est pourquoi nous
devons prendre la parole, aider le peuple à construire
l'Afrique de demain. » Songe-t-il qu'un jour lui aussi
pourrait devenir président ? Il ne le dit pas mais, avec

le recul, je peux imaginer qu'il y pense. Il a à peine plus de quarante ans et il suffit de connaître son village, sa maison natale, son père et ses quatre femmes qui ne savent ni lire ni écrire pour mesurer le chemin qu'il a déjà parcouru.

Un autre soir, comme nous regardons ensemble un sujet sur les migrants qui se noient en tentant de passer en Europe, il me dit que tout ça sera fini si le président sortant est réélu. « Les Occidentaux n'auront plus le droit de piller nos ressources et alors il y aura du boulot pour tout le monde, ici même, chez nous ! » Je le crois, il est plein d'espoir pour nous, les Africains, et en moi-même je me dis : « Que vont-ils chercher en Europe ? Ils sont bêtes, ils risquent leur vie, alors qu'ici il y aura bientôt de la richesse pour tout le monde. »

Quand la campagne s'engage, notre vie, d'un seul coup, est bouleversée. Notre père n'enseigne plus, il est provisoirement détaché de la fonction publique pour porter la parole du président-candidat. Si ma grande sœur et moi voulons le voir et l'entendre, le mieux est d'aller l'écouter dans les différents quartiers de la capitale où, pratiquement tous les soirs, il tient des réunions publiques. Car il ne rentre plus à la maison que très tard, au milieu de la nuit, pour repartir bien avant le café du matin.

Je vais bientôt fêter mes treize ans et je suis ébloui par l'homme qu'est devenu mon père. Il apparaît et on l'applaudit. Il parle et on l'applaudit. Quand il a fini de parler, les gens se lèvent et l'entourent. Ils veulent le toucher comme s'il était le président lui-même. Il embrasse les femmes, il serre des centaines de mains, il caresse la tête des enfants. Avant de remonter dans sa nouvelle voiture – un cadeau du président sortant.

Je ne saurais pas répéter tout ce qu'il dit à la tribune, et d'ailleurs je n'écoute pas vraiment. Ce qui me plaît, c'est de voir combien les gens l'aiment et l'admirent. Il est formidable, il soulève l'enthousiasme, tous ceux qui l'écoutent semblent lui faire confiance pour changer leur vie.

Après ça, il devrait revenir à la maison en héros, n'est-ce pas ? Eh bien, non, de ce point de vue-là les choses ne changent pas : la seule, finalement, à ne pas l'applaudir est notre mère.

Mais, au contraire de moi, elle écoute ses discours, ou du moins en lit le compte rendu dans le journal.

Et c'est peu dire qu'elle est folle de colère. Et folle d'inquiétude.

« Yao, tu es fou ! Tu es complètement fou ! Tu dis que l'autre candidat est un étranger, tu dis que c'est lui qui a créé la rébellion et envoyé ses soldats pour assassiner les gens. Tu dis des mots comme ça, tu dis que cet homme-là est un criminel. Ce sont des accusations très graves. Demain, s'il gagne l'élection, qu'est-ce que tu vas devenir, toi ? Tu y as pensé ? Et nous ? Tu as pensé à nous ?

— Je dis la vérité, Mariam. Les gens ne comprennent pas. Ils comptent les morts mais ils ne savent pas qui est à l'origine de ces horreurs. C'est mon devoir de les informer.

— Ton devoir ! Ton devoir ! Ton devoir, c'est de nous protéger ! Si demain cet homme-là, que tu traites de criminel, arrive au pouvoir, est-ce que tu crois qu'il va te laisser tranquille ? Est-ce que tu n'imagines pas qu'il va vouloir se venger ? Tu parles, tu parles, mais tu ne penses pas aux conséquences de ce que tu dis.

— Il n'arrivera pas au pouvoir. Nous allons gagner, bien sûr !

— Fais attention, Yao, fais très attention. Moi j'ai peur, je ne dors plus, je ne pense plus qu'à ça.

— Il n'y a rien à craindre. Et s'il arrivait au pouvoir, eh bien, je m'inclinerais. Voilà tout.

— Tu sais bien qu'en Afrique ça ne se passe pas comme ça.

— Eh bien, moi je te dis que ça se passera comme ça ! Il faut que les choses changent, et elles vont changer. »

J'ai fait récemment ce que je ne faisais pas en 2010 : écouter sérieusement ce que disaient le président sortant et ses porte-parole (grâce aux vidéos enregistrées durant la campagne). Ma mère avait raison : qu'allaient-ils devenir si l'homme qu'ils insultaient jour après jour arrivait au pouvoir ? Pas un instant ils n'ont envisagé cette possibilité, cela s'entend dans chacun de leurs discours.

# 8.

## *Comment dire*
## *ce qui ne peut pas être nommé ?*

Deux années s'étaient écoulées depuis la défaite du président sortant et, après quelques mois de trouble dans les rues de la capitale, la vie avait repris un cours normal. Les craintes de notre mère s'étaient révélées infondées, papa n'avait pas été inquiété. Comme il l'avait dit, il s'était incliné devant la victoire d'un homme en qui il n'avait pourtant aucune confiance. Peu après, il s'était retiré de la politique pour se consacrer complètement à ses élèves. Cela avait été certainement une immense déception pour lui, mais il n'en avait rien dit à la maison. Maman avait retrouvé sa bonne humeur et, de nouveau, elle l'accueillait chaque soir avec le sourire et des mots tendres.

Ce 8 décembre 2012 s'annonçait donc comme un de ces samedis en famille où nous irions peut-être au cinéma dans l'après-midi. Maman était occupée à préparer le déjeuner, on l'entendait s'affairer à la cuisine tandis que ma grande sœur faisait le ménage de sa chambre tout en écoutant de la musique. Mon père et moi regardions la télévision, confortablement installés dans le canapé – en attendant les informations, nous nous amusions devant une émission de variété.

C'est alors que nous avons entendu la porte s'ouvrir. Mon père et moi nous sommes retournés : deux hommes cagoulés venaient d'entrer. Ils ont pris soin de refermer derrière eux avant d'approcher. Je me souviens avoir pensé que c'étaient des voleurs, qu'ils allaient emporter la télévision et tout notre argent.

« Qu'est-ce que c'est ? a demandé mon père.

— C'est vous, monsieur X ?

— Oui, pourquoi ? »

Un des deux a sorti une arme.

« À genoux ! »

Mon père et moi nous sommes mis à genoux.

« Les bras en l'air ! »

Nous avons levé les bras.

À ce moment-là, l'autre homme est allé dans la cuisine. Il en est revenu avec ma mère qu'il tirait par la main.

« Qui êtes-vous ? Qu'est-ce que vous voulez ? »

Elle était affolée et s'est figée en nous découvrant à genoux.

L'homme l'a fait agenouiller à côté de papa.

Puis il s'est dirigé vers la chambre de ma grande sœur. Il en est revenu avec elle, et je me rappelle qu'il n'a pas coupé la musique.

À présent, nous étions tous dans le salon, sous la menace de celui qui tenait l'arme.

L'autre a sorti du sparadrap, il en a collé une large bande sur la bouche de ma grande sœur, puis sur la mienne. Il nous a fait déplacer tous les deux vers le côté du canapé, et nous a fait agenouiller derrière l'accoudoir.

Il n'a pas bâillonné mon père et ma mère.

Eux se tenaient devant le canapé, à genoux et les bras en l'air, à moins de deux mètres de nous.

« Tu as tué des gens de notre parti, a dit à mon père celui qui tenait l'arme.

— Non, je n'ai jamais tué personne.

— Mais tu as donné l'ordre de tuer, c'est pareil. Alors maintenant ça va être ton tour.

— Non, c'est faux, a dit ma mère. C'est faux. Il n'a jamais donné l'ordre de tuer. »

On sentait qu'elle aurait voulu crier, mais elle n'avait presque plus de voix.

Ils ont encore un peu discuté comme ça, ils répétaient les mêmes mots :

« Tu as tué !

— Non, je n'ai pas tué. »

L'homme ne voulait rien entendre.

Et, brusquement, il a dit à mon père cette phrase que je ne peux pas oublier :

« Aujourd'hui, c'est ton dernier jour. »

Il a vissé un silencieux sur le canon de son pistolet et il l'a tendu à ma mère :

« Tiens, prends-le, mets-le sur la tempe de ton mari et tire. »

Ma mère pleurait, elle ne voulait pas le prendre, alors il s'est mis à hurler :

« Prends-le ! Prends-le, je te dis ! »

Ma mère a pris le pistolet.

Entre-temps, l'autre homme avait sorti son arme et l'avait placée au-dessus de nos têtes, à ma sœur et à moi.

« Je vais compter jusqu'à cinq, a dit le premier à ma mère. Si à cinq tu n'as pas tué ton mari, on tuera tes deux enfants. »

Et, tout de suite, sans attendre, il a commencé à compter :

« Un, deux, trois... »

À trois, ma mère a tiré.

Je n'ai pas pu regarder, je me suis caché derrière l'accoudoir, la tête enfouie pratiquement sous le canapé. Puis j'ai entendu une deuxième détonation, et à ce moment-là ma grande sœur a bondi sur le type. J'ai senti le mouvement de son corps et quand j'ai relevé la tête j'ai vu que l'homme lui donnait un grand coup de pied dans le ventre. Elle est tombée et c'est alors seulement que j'ai vu mes parents. Ils étaient tous les deux allongés au sol et leurs corps étaient secoués de soubresauts.

Je ne pouvais pas les regarder, mais je ne pouvais pas non plus regarder ailleurs. Dans mon souvenir, je suis resté là comme hébété. Je me suis mis à trembler, peut-être même à pleurer, mais je n'ai pas bougé, je n'ai rien tenté. Quelque chose d'impossible venait de se produire, et mon esprit ne pouvait pas l'accepter. On aurait dit que mon cerveau s'était brusquement figé, que toutes mes pensées s'étaient arrêtées pour ne pas avoir à mettre de mots sur ce que voyaient mes yeux. Mes parents baignant maintenant dans une flaque de sang, et leurs corps toujours secoués de soubresauts. Ça ne pouvait pas exister, j'étais le témoin d'un événement inconcevable. Bien plus tard, en Espagne, puis en France, j'ai été pris du même tremblement, du même hébétement, quand on m'a demandé de « raconter » ce qui était arrivé à mes parents. « Je ne peux pas, me suis-je longtemps défendu. Je ne peux pas le dire. Laissez-moi. » Mais eux : « Kouamé, si tu ne nous le dis pas, on ne pourra pas t'aider. » Comment « raconter » ce qui ne peut pas être nommé ? Ils ont été assassinés sous mes yeux et sans doute une grande partie de l'enfant que j'étais alors est morte dans la même seconde, avec eux, dans la même violence.

Ma grande sœur était tombée près d'eux après avoir reçu le coup de pied.

Ils l'ont déshabillée, un des hommes s'est allongé sur elle et l'a violée.

Quand il a eu fini, l'autre est venu sur ma sœur.

Pendant que les hommes étaient sur elle, la musique continuait à jouer dans sa chambre.

Elle ne se défendait pas, elle ne pouvait pas crier avec le sparadrap, elle était comme morte.

À présent, ils avaient fini. Ils se tenaient debout au milieu du salon, au-dessus des corps de ma sœur et de nos parents.

Moi, je n'avais pas bougé, toujours agenouillé derrière l'accoudoir et bâillonné.

Ils m'ont vu, et l'un des deux m'a dit :

« Viens par ici, toi. »

Il a branché la résistance que l'on utilisait pour chauffer l'eau et, quand elle a été rouge, il a soulevé ma chemise et me l'a plaquée sur l'abdomen.

Il me tenait fort par le bras. La douleur m'a fait hurler silencieusement sous le sparadrap et mon corps s'est tordu sans que je le veuille.

« Pour que tu n'oublies pas », il a dit, quelque chose comme ça.

Puis il m'a lâché et il a fait signe à l'autre. À ce moment-là j'ai pensé qu'ils allaient partir.

Ils étaient près de la porte d'entrée mais ils ne l'ouvraient pas. Quelque chose encore les retenait.

J'ai entendu qu'ils se disputaient, qu'ils n'étaient pas d'accord.

« On devrait tuer aussi le garçon, disait l'un.

— Non, c'est un enfant.

— Quand il sera devenu un homme, il cherchera à se venger. Il faut le tuer. »

Ma grande sœur était toujours allongée, elle saignait entre les jambes. Elle aussi les écoutait car, quand nos regards se sont croisés, elle m'a fait signe de sauter par la fenêtre, celle qui était entrouverte, derrière la télévision. « Sauve-toi, Kouamé, ne reste pas là, sinon ils vont te tuer aussi. Sauve-toi ! Vite ! Vite ! » Voilà ce que disaient ses yeux.

Je ne sais pas où j'ai trouvé la force de lui obéir. Mais je l'ai fait. D'un bond, j'ai atteint la fenêtre, je l'ai enjambée et j'ai couru comme un fou sur la route qui passait derrière notre maison.

# 9.

## *Alors seulement je me suis entendu le dire*

Tout en courant, j'ai arraché le sparadrap de ma bouche. Je me retournais tout le temps pour voir s'ils ne me suivaient pas. Dans mon idée, ils étaient venus à moto, et donc je guettais une moto. Voilà comment j'ai vu venir le taxi.

Un enfant de quatorze ans, il n'aurait pas dû s'arrêter. Chez nous, les enfants n'ont pas d'argent.

Mais il s'est arrêté et je me suis engouffré dedans.

J'ai donné le nom du quartier où habitaient des amis de mon père, Kopargo. Je ne sais pas pourquoi j'ai donné ce nom, et il a démarré sans poser de questions.

J'étais assis dans le taxi, hors d'haleine, et plus rien ne tenait debout dans ma tête. On allait se mettre à table... Je m'étais enfui... En rentrant, tout à l'heure, je retrouverai ma mère à la cuisine... Ma grande sœur allongée sur le sol, du sang entre ses jambes... C'est elle... C'est elle qui m'a dit de sauter par la fenêtre. « Sauve-toi, Kouamé ! Sauve-toi ! » Jamais je n'ai pris le taxi tout seul, ma mère ne veut pas. « Tu ne sais pas qui est le chauffeur, il peut t'emmener où il veut et toi qu'est-ce que tu vas faire ensuite ? » Au retour, elle va me gronder. Il a failli renverser la femme avec le bébé, il roule beaucoup trop vite. Si mon père était avec moi, il l'insulterait. Mon père veut que les Africains respectent la loi. « Un pays qui ne respecte pas la loi ne peut pas progresser, Kouamé. N'oublie jamais ça, mon fils, et ne t'écarte pas du droit chemin. » Quand les deux hommes sont entrés, il a demandé : « Qu'est-ce que c'est ? »

— Tu as tué des gens !

— Non, je n'ai jamais tué personne. » Même une poule sur la route, mon père fait attention à ne pas l'écraser. Même une poule. « Non, je n'ai jamais tué personne.

— Si, tu as tué des gens. » On était en train de rire devant la télévision, ma mère dans la cuisine. On allait se mettre à table. Mes parents vont me chercher, mais c'est ma grande sœur qui m'a dit : « Sauve-toi, Kouamé ! Sauve-toi ! » C'est elle. Par la fenêtre, derrière la télévision. Maintenant tout seul dans le taxi. « Tu ne sais pas qui est le chauffeur, il peut t'emmener où il veut. » Ma mère…

« Tu saignes sous ta chemise. Qu'est-ce qu'on t'a fait ? »

J'ai entendu, mais je n'ai pas compris.

« Tu n'entends pas quand je te parle ? Qu'est-ce qu'on t'a fait ? »

C'était bien ma langue, je reconnaissais les mots, mais ils ne me disaient plus rien. Qu'est-ce qu'il voulait savoir ? « Qu'est-ce que c'est ? » a demandé mon père. « Qu'est-ce que c'est ? » Depuis le canapé, on entendait ma mère dans la cuisine. On allait se mettre à table, et c'est à ce moment-là que les deux hommes sont entrés. « Des voleurs, ils vont emporter la télévision », c'est ce que j'ai pensé en les voyant avec leurs cagoules. Des voleurs.

« Kopargo. On est arrivés. »

Je suis sorti de la voiture et alors seulement je me suis entendu le dire tout haut, sur le trottoir : « On a tué mes parents, on a tué mes parents. » De plus en plus fort, et dans une espèce de sanglot qui jaillissait de ma poitrine. À ce moment-là, et pour quelques minutes seulement, j'ai pu croire la chose possible, comme si les images s'étaient subitement ordonnées dans ma tête avant de se superposer de nouveau. De se brouiller. Pour me laisser penser qu'ils étaient vivants, bien sûr, qu'ils allaient reparaître et que tout cela n'avait été qu'une histoire de griots, comme mon grand-père nous en racontait, le soir, pour nous effrayer.

Des gens ont commencé à venir. En voyant le sang sur ma poitrine, ils ont cru que le chauffeur m'avait frappé et ils l'ont pris à partie. Il était en colère, sûrement, puisque je n'avais pas d'argent pour le payer. Puis ils ont compris, le chauffeur a pu repartir et un couple âgé a dit à la petite foule qui m'entourait qu'ils allaient s'occuper de moi. Peu à peu, les badauds se sont dispersés, et la dame m'a pris par la main. Tout cela est confus dans ma mémoire, mais je crois que les choses se sont passées à peu près comme je viens de les raconter.

J'ai suivi ce couple qui m'a conduit dans un centre religieux. Je me souviens d'une église, d'un parc, d'un bâtiment où nous sommes entrés et où nous avons attendu dans une grande pièce. La dame avait gardé ma main dans la sienne, elle me parlait, je n'entendais pas ce qu'elle me disait mais je n'aurais pas voulu qu'elle se taise.

Au bout d'un moment, une religieuse est arrivée.

# 10.

## *Sœur Claudine*

La sœur a eu une conversation avec le couple, et puis ces gens sont partis et je me suis retrouvé seul avec elle.

Elle m'a pris la main, m'a dit qu'ici j'étais en sécurité, qu'elle s'appelait sœur Claudine et allait s'occuper de moi.

« Peux-tu me dire ce qui t'est arrivé ? »

J'ai répété que mes parents avaient été tués. J'ai dit que je ne savais pas pour ma grande sœur, qu'elle était vivante quand je m'étais enfui, mais que les deux hommes étaient encore dans la maison à ce moment-là.

Comme je pleurais, elle n'a pas cherché à en savoir plus et m'a emmené dans une chambre qui serait la mienne, m'a-t-elle annoncé, le temps que l'on en sache un peu plus sur le sort de mes parents. Elle ne semblait pas croire qu'ils étaient morts, ni ma grande sœur, et le doute que je lisais sur son visage me remplissait d'espoir. Moi non plus, je ne pouvais pas le croire, de sorte que nous étions maintenant deux à considérer la chose comme tout à fait impossible.

Elle m'a fait prendre des médicaments qui allaient me permettre d'éloigner un peu la douleur – « éloigner » est le mot qu'elle a employé, comme si la douleur était un animal – et, en effet, alors même qu'elle continuait à me parler je me suis endormi.

Mais, en me réveillant, un peu plus tard, tout m'est revenu et la souffrance a été si violente que je n'ai pas pu me retenir de pleurer. Sœur Claudine est apparue presque aussitôt. De nouveau elle m'a rassuré, et de nouveau je me suis remis à croire que j'allais retrouver mes parents.

Elle ne m'a pas quitté, et moi non plus je ne voulais plus la quitter. J'avais besoin de l'entendre me parler pour ne pas devenir fou. Tant qu'elle parlait, je pouvais croire qu'ils étaient vivants, mais aussitôt qu'elle se taisait, ou me laissait seul, j'étais submergé par une douleur qui me donnait envie de me frapper la tête contre les murs.

Le soir de ce premier jour, elle a pris ma carte d'identité scolaire, la seule chose que j'avais emportée avec moi car je la gardais toujours dans ma poche, et elle m'a expliqué qu'elle allait se rendre à la maison pour savoir où se trouvaient à présent mes parents et ma grande sœur.

Au retour, elle m'a dit qu'elle n'avait trouvé personne chez moi, mais que mes parents et ma grande sœur étaient à l'hôpital. Elle l'a dit avec une fermeté dans la voix qui ne laissait aucune place au doute.

Par la suite, je lui ai demandé à plusieurs reprises qu'elle m'accompagne à l'hôpital voir mes parents, mais chaque fois elle a refusé, me promettant que l'on irait quand ma blessure serait guérie. Aujourd'hui, je sais qu'elle m'a menti, naturellement. Une partie de moi l'a su sur le moment, j'en suis certain, mais une autre partie a choisi de la croire pour trouver la force de continuer à vivre. C'était un mensonge, mais c'était un mensonge indispensable auquel je me suis accroché pour m'endormir le soir, pour me lever le matin, pour accepter de me nourrir et, certains jours, pour accompagner sœur Claudine dans ses visites ou faire avec elle quelques courses.

Combien de temps est-ce que je suis resté dans cette maison, une sorte d'orphelinat en vérité ? Un mois ? Deux mois ? Je ne saurais pas le dire tellement j'étais fiévreux, hébété, accroché aux mots et aux gestes tendres de cette religieuse qui me donnait l'impression de ne vivre plus que pour moi, et moi pour elle.

Elle était malade et m'avait dit qu'elle devrait un jour retourner en Europe – en Espagne, son pays d'origine – pour se faire soigner. J'évitais de penser à ce jour, car elle était devenue ma seule famille.

Puis, un soir, elle a semblé soucieuse, et nous avons eu ensemble notre dernière conversation.

« Kouamé, j'ai pensé que tu devais avoir de la famille au village, celui où tu allais en vacances avec tes parents. »

Mon grand-père était mort l'année passée et, quelques mois plus tard, ma grand-mère l'avait suivi. Cependant, j'ai dit qu'en effet j'avais de la famille là-bas. Je pressentais qu'il se passait quelque chose de grave et que je devais aider sœur Claudine à trouver une solution.

« Alors il faut partir, m'a-t-elle répondu sévèrement.

— Pourquoi ?

— Je ne peux pas tout te dire, mais il est préférable que tu quittes rapidement la ville, au moins pour quelque temps. Ta brûlure est bien cicatrisée, maintenant, tu n'auras plus à t'en préoccuper. »

Les tueurs avaient-ils appris que j'étais réfugié chez elle ? Avait-elle reçu des menaces ? Je ne le saurai jamais, car sœur Claudine est morte en Europe l'année suivante. Dès le lendemain, nous avons préparé mon départ.

Elle m'a fourni tout ce que je devais emporter – sac de voyage, vêtements, chaussures, médicaments, nourriture, etc.

Puis elle a fermé la porte de ma chambre pour que personne ne vienne nous déranger et elle a sorti de sa poche une liasse de billets.

« Écoute-moi bien, Kouamé : voilà cinq cents euros, je ne peux pas te donner plus, malheureusement, mais cet argent doit pouvoir te permettre de vivre décemment un certain temps. S'il peut t'apporter un peu de réconfort et t'aider à traverser cette période si douloureuse, je serai heureuse. Prends-le, et sache qu'à chaque instant je penserai à toi. Je te confie au Seigneur, je suis certaine qu'il va veiller sur toi. »

Jamais je n'avais vu autant d'argent. Dans mon pays, si tu as cinq cents euros dans ta poche, tu es très riche, tu peux tout acheter.

Je sais aujourd'hui que je dois ma survie à cet argent.

Je sais tout ce que je dois à sœur Claudine, elle ne quitte pas mon cœur.

# 11.

## *Fuir*

Nous sommes allés ensemble à pied jusqu'à la gare routière, les rues étaient silencieuses, le jour n'était pas encore levé. Sœur Claudine m'a acheté mon ticket de bus puis elle est allée parler au chauffeur. Elle lui a dit de veiller sur moi et surtout de bien me faire descendre au village – trois ou quatre fois elle lui a répété le nom du village.

« Compris, ma sœur, il a dit. Le petit va s'asseoir là, derrière moi. Il n'a rien à craindre. »

Jusqu'au départ du car, elle est restée à me tenir la main et puis, quand je suis monté, j'ai vu par la fenêtre qu'elle pleurait.

Nous avons roulé toute la journée – le village, c'est à peu près cinq cents kilomètres depuis la capitale.

Et c'est pendant cette journée que j'ai su que je n'irais pas. Si je retourne au village, je vais rester avec qui ? Mon grand-père est mort, ma grand-mère est morte, il n'y a personne qui va s'occuper de moi au village, tout le monde s'en fout de moi. En Afrique, quand tu perds tes deux parents, tu as tout perdu. Il ne faut pas penser que quelqu'un va prendre soin de toi comme si tu étais son enfant. Les trois premiers jours, oui, peut-être, ils vont te donner à manger, mais ensuite ils vont te lâcher. Débrouille-toi. Quand tu perds tes parents tu vas essayer de vivre, mais en vérité tu ne peux pas, c'est trop dur. En ville, oui, parce qu'il y a des orphelinats, des personnes comme sœur Claudine, mais pas au village. Là-bas, tes amis avec qui tu vas jouer, ils vont t'insulter avec ça. Comme si c'était toi le criminel, comme si c'était toi le responsable. Ils vont te dire que c'est à cause de toi si tu as perdu tes parents, tu les as fatigués, tu les as embrouillés, et ils sont morts. Ils vont te dire que c'est ta sorcellerie qui les a tués.

Si mon grand-père était encore là, il m'aurait pris dans sa maison et personne dans le village n'aurait osé ouvrir sa bouche. Mais là, ils vont me dire : « Quand tu venais avec tes parents, tu étais bien, tu avais le café, le goûter, ton père c'était le boss, alors ce n'est pas maintenant qu'il n'est plus là qu'il faut venir vers nous. » Je me rappelais ce que mon père m'avait dit : « Kouamé, si c'est ta grand-mère qui t'appelle pour manger, tu peux y aller et manger tout ce que tu veux. Mais prends garde aux trois autres femmes, si elles t'appellent, n'y va pas.

— Pourquoi ? Pourquoi je ne dois pas y aller ?

— Parce qu'elles pourraient te mettre quelque chose dans la nourriture qui te tuerait. » Un jour, ma grande sœur avait demandé à mon grand-père pourquoi il n'avait pas fait d'études, et dans le car je me suis souvenu de ce qu'il avait répondu. Il avait perdu son père très jeune et c'est son oncle qui l'avait pris chez lui. Aussitôt, l'oncle l'avait mis à travailler dans les champs parce que mon grand-père ne serait pas tenu de s'occuper de lui plus tard, quand il serait vieux. En Afrique, si tu t'occupes de ton enfant, si tu lui payes des études pour qu'il réussisse, c'est pour qu'il s'occupe de toi quand tu seras vieux. Si ce n'est pas ton enfant, mais juste ton neveu, il n'est pas tenu de s'occuper de toi, alors pourquoi tu lui payerais des études ? L'oncle, il s'en fout de la vie de celui-là. Mon grand-père avait expliqué qu'il avait payé de longues études à notre père pour que plus tard, lui, mon grand-père, ne manque de rien. Et, en effet, pour sa mort, mon père et mon oncle se sont associés pour payer le riz à tout le village, pour payer des funérailles magnifiques. Ils voulaient montrer aux gens qu'ils n'étaient pas des fils ingrats. Si tes enfants ont de l'argent, tout le monde a envie de venir aux funérailles pour rendre hommage au défunt, mais personne ne va venir à des funérailles de pauvre, c'est comme si le défunt n'avait jamais existé.

J'ai su que je n'irais pas au village parce que, là-bas, il n'y avait pas de vie possible pour moi. Si sœur Claudine ne m'avait pas donné tout cet argent, j'y serais allé, et je serais sans doute aujourd'hui un homme occupé à travailler la terre du matin au soir. L'argent de sœur Claudine m'a donné la possibilité et la force de fuir un destin misérable, et peut-être la mort.

Mais pour aller où ? Dans un autre pays, voilà. Je me souviens combien fuir celui-ci a provoqué en moi une sorte d'apaisement. Et après ? Après, je ne savais pas. J'étais trop épuisé, trop occupé à me défendre contre les images qui me revenaient, contre la peur, contre le chagrin, pour imaginer mes premiers pas dans une autre vie. « Un autre pays » – ces trois mots seuls éveillaient en moi une possibilité de penser à demain, de respirer plus calmement. Je n'aurais pas su dire ce que j'allais y faire. Me demander seulement où j'allais dormir quand il ferait nuit me remplissait de peur, alors comment j'aurais pu imaginer ce que j'allais faire dans un autre pays ? Tout seul. Sans mes parents. Sans ma grande sœur. C'était inimaginable. En moi-même, je me disais : là où l'argent finira, je m'arrêterai. Et qu'arrivera-t-il alors ? Je ne le savais pas, je n'y pensais pas.

Une fois à la gare routière, tout près du village, le chauffeur m'a fait signe :

« C'est ici, n'oublie pas ton sac. Tu sais aller chez tes grands-parents ?

— Oui, merci.

— Alors va vite, mon garçon. »

Il était tranquille pour moi, il n'a pas su.

En vérité, j'ai cherché un autocar pour le Ghana. Je savais que le village était tout près de la frontière avec le Ghana. Une dame m'a montré le bon car, j'ai acheté un ticket et je suis monté dedans.

## 12.

### *Elle allait apparaître,*
### *et tout serait fini*

J'ai dormi dans le car, et quand nous sommes arrivés au Ghana c'était déjà le jour suivant. Pour entrer au Ghana, on ne te demande rien, ils s'en foutent, tous les jours des gens vont et viennent entre les deux pays.

Je ne me souviens plus le nom de cette ville où nous sommes arrivés. Il y avait des gens partout qui riaient, qui couraient, qui se bousculaient dans le soleil éblouissant du matin et moi j'étais complètement perdu. J'avais faim, mais je ne savais pas comment je devais faire pour acheter à manger. Je sentais les billets de sœur Claudine dans ma poche, mais quelque chose me disait que je ne devais pas les montrer au milieu de toute cette foule.

Je suis sorti de la gare routière et j'ai commencé à marcher dans les rues. Chez nous, les gens sont joyeux le matin, je les entendais rire et s'interpeller, et moi je me demandais comment c'était possible que je sois là, tout seul ? Avec personne pour s'occuper de moi, personne pour me dire quoi acheter à manger. C'était la première fois de ma vie. Jusqu'ici, toujours une grande personne m'avait dit ce que je devais faire,

47

quoi acheter, où aller pour l'acheter, et dans combien de temps je devais être de retour. J'ai commencé à penser que plus personne ne savait où j'étais, même pas sœur Claudine, que plus personne ne pouvait me retrouver dans l'immensité du monde, et j'ai senti que mes jambes se mettaient à trembler. C'était comme de regarder en dessous quand tu es arrivé tout en haut de l'arbre. On te dit de ne pas le faire parce que si tu le fais tu peux avoir la tête qui tourne, les jambes qui ne te portent plus, et penser que le vide t'appelle, que tu vas tomber. Ma tête a commencé à tourner et j'ai dû m'asseoir. Quelqu'un allait venir. C'était impossible autrement.

Et voilà que parmi tous ces gens qui passaient partout, je me suis mis à croire que j'allais voir surgir ma mère, mon père ou ma grande sœur. Soudain, j'allais reconnaître l'un ou l'autre, ma mère de préférence – je pensais surtout à ma mère. Elle allait apparaître et d'un seul coup tout serait fini comme quand tu te réveilles d'un cauchemar. « Kouamé ! Je t'ai cherché partout ! Mon fils, mon chéri, viens dans mes bras, j'ai eu tellement peur. – Moi aussi, maman. – Mais aussi qu'est-ce qui t'a pris de partir comme ça ! – Je ne le ferai plus, je ne vous quitterai plus. »

Comme je m'entendais parler tout seul, assis par terre au bord de la route, j'ai pensé que j'étais en train de devenir fou. Comment ma mère pourrait-elle apparaître dans cette ville du Ghana alors que moi seul savais que j'étais ici ?

En tremblant, je me suis relevé, et j'ai cherché une boutique où je pourrais m'acheter quelque chose à manger. Puis j'ai repensé à l'argent, je suis allé me cacher derrière un muret pour le sortir de ma poche. J'ai pris un seul billet que j'ai glissé dans la poche gauche de mon pantalon tandis que j'ai remis les autres bien au fond de la poche de droite.

J'ai acheté du pain et des sardines, je suis retourné m'asseoir contre le muret pour manger, et après ça je me sentais un peu mieux.

J'ai pensé que je ne devais pas rester dans cette ville. Avec mes parents, on habitait la capitale – vivre dans les capitales c'est ce qu'il y a de mieux. Et donc je me suis dit que je devais aller dans la capitale du Ghana, Accra. Avec mon père, nous avions souvent vu des images d'Accra à la télévision. C'était une grande ville, comme la nôtre, avec des bâtiments de plusieurs étages, des trottoirs, des villas luxueuses. Peut-être m'a traversé l'esprit qu'être à Accra me rapprocherait de mon père...

Je suis retourné à la gare routière et j'ai acheté un ticket pour Accra.

# 13.

## *À la gare routière d'Accra*

Quand je suis dans le bus pour Accra, je ne peux pas m'empêcher de penser à mes parents parce qu'il y a des femmes qui sont avec des enfants de mon âge, quatorze ans. De nouveau, je pense à ma mère, à mon père. Si ta mère est morte, Kouamé, si ton père est mort, tu fais quoi ? Tu ne peux plus aller à l'école, tu ne peux plus profiter de rien, tu deviens quoi ? Je me dis que j'ai perdu mes parents mais que, ma grande sœur, je ne l'ai pas perdue. Je l'ai vue, elle m'a parlé, elle m'a fait des gestes pour que je saute par la fenêtre. Est-ce qu'ils sont revenus après pour l'assassiner ? Je ne sais pas. Je ne veux pas penser à ça, j'ai envie de pleurer, alors je me tourne vers la fenêtre pour que les gens ne voient pas que je pleure. Je ne veux pas qu'ils sachent que j'ai des problèmes. Est-ce qu'ils sont revenus après pour l'assassiner ? Non, je ne veux pas penser à ça. Ma grande sœur, elle est vivante, et si elle est vivante j'ai encore une famille. Si elle est vivante je ne suis pas tout seul sur la Terre. Parce qu'elle ne va pas m'abandonner. C'est elle seule qui me reste si mes parents sont morts.

Mais non, ce n'est pas possible, mes parents ne sont pas morts. Je ne crois pas à ce qui s'est passé et j'arrête de pleurer. Voilà, maintenant je suis tranquille sur mon siège. C'est une chose qui m'aide beaucoup de ne plus croire à ce qui s'est passé – me dire qu'ils sont vivants. Où que je sois sur la Terre, ils vont venir me chercher, bien sûr. Mon père, il n'a peur de rien, il connaît partout des gens, des ministres, des policiers, des journalistes de la radio, où que je sois sur la Terre il va me retrouver. Je me sens mieux maintenant. Quand l'autocar s'arrête, je descends avec les autres pour acheter à manger. Il y a des femmes qui vendent des oranges, des ananas, tout le monde est content de s'arrêter un peu et de manger des fruits. Et moi aussi, je peux être là à manger une orange au bord de la route, sous le soleil, et penser pendant un moment que je ne suis pas malheureux.

Il fait encore jour, il est peut-être 16 heures quand on arrive à la gare routière d'Accra. Je prends mon sac et je descends. C'est une gare internationale, immense, il y a des gens qui sont couchés partout, sur les sièges, par terre, en attendant de repartir pour une autre destination, sûrement. Personne ne me demande d'où je viens, ce que je fais là. Je suis fatigué, mais j'ai faim aussi. Alors je vais un peu dans la ville pour acheter à manger et puis je reviens me coucher par terre dans la gare. Il ne fait pas froid, tu n'as pas besoin de couverture pour dormir.

Quand je me réveille, c'est le matin, il fait jour. Soudain j'ai très peur parce que je ne trouve pas mon argent dans ma poche. Pendant quelques secondes, je pense que si on me l'a volé, c'est fini la vie pour moi. Mais non, il est là, c'était juste que mon pantalon s'était tourné sur ma jambe pendant la nuit.

Des gens courent partout autour de moi, mais personne ne me marche dessus ni ne me demande ce que je fais là au lieu d'être à l'école. De nouveau, je prends mon sac et je marche un peu dans la ville pour trouver à manger. Puis je retourne à la gare.

Pendant deux ou trois jours, j'habite dans la gare. C'est là que je me sens le mieux. Je vais chercher à manger dans les rues autour, et puis je reviens vite dans la gare. Je m'endors en faisant bien attention que mon argent soit toujours au fond de ma poche. La seule chose qui me préoccupe, c'est ça : qu'est-ce que je vais faire quand mon argent sera fini ? C'est pourquoi tout le temps je le touche. Il y en a tellement que je n'arrive pas à compter combien il va me falloir de jours pour tout dépenser. Des dizaines et des dizaines. Ça me tranquillise de ne pouvoir même pas les compter et je m'endors sans penser à rien d'autre.

Le troisième ou quatrième jour, je vois deux Ghanéens qui mangent à côté de moi, assis par terre. Des grands, peut-être vingt et vingt-cinq ans. Ils ne parlent pas en français, mais en ashanti. L'ashanti est très proche de la langue qu'on parle chez moi et je comprends tout ce qu'ils se disent.

« Ton argent, le peu que tu as, tu vas le bouffer ici, dit le plus vieux. Et après, qu'est-ce que tu vas faire ?

— Ouais, dit l'autre, y a rien à faire ici, pas de boulot, rien. Faut pas rester là.

— En Libye, on va être comme des rois, reprend le premier. Là-bas tout est gratuit, tu ne payes pas l'électricité, tu ne payes pas l'eau, tu ne payes pas la nourriture. Et en plus y a du boulot. Là-bas, t'es content, tu peux vivre tranquille. Comme des rois ! je te dis. »

La Libye, je ne sais pas où c'est, mais c'est un pays qui me donne envie si la nourriture est gratuite. Quand mon argent sera fini, si je suis en Libye, ça ira quand même pour moi, voilà ce que je pense en les écoutant.

« C'est vrai que la Libye c'est comme vous dites ? Gratuit et tout… »

Ils s'interrompent et me sourient.

« Ben ouais, c'est vrai. Mais c'est loin.

— Je peux partir avec vous ?

— En Libye ? Mais t'es un enfant, toi ! Qu'est-ce que tu vas faire en Libye tout seul ?

— J'ai dix-sept ans, je ne suis pas si petit.

— T'as dix-sept ans, toi ? Tu rigoles ! T'es un petit… Moi, je crois que t'as même pas quinze ans et que tu dis ça pour partir avec nous, ouais.

— J'ai dix-sept ans, c'est vrai.

— Ben tu ne les fais pas, dis donc. Et puis c'est très cher, le voyage, t'as l'argent ?

— Oui. Je peux payer.

— Ben si t'as l'argent, tu peux venir avec nous si tu veux. Va acheter ton ticket et tu viens.

— Un ticket pour la Libye, je demande ?

— Non, ici, à Accra, ils ne savent pas où c'est la Libye. Tu demandes un ticket pour Niamey. C'est au Niger.

— D'accord, et vous m'attendez, alors ?

— T'en fais pas, t'as tout le temps, on est jeudi, là, et l'autocar pour Niamey, il ne part pas avant lundi. »

# 14.

## *Comme une petite famille*

En attendant l'autocar du lundi, je ne suis plus seul. Les deux Ghanéens habitent dans la gare routière, comme moi. Quand on a faim, on va acheter ensemble la nourriture et on revient la manger dans la gare. Au début, ils me regardent comme un petit, et ils continuent à parler entre eux sans trop s'occuper de moi. Tout change quand je les entends s'inquiéter qu'au Burkina Faso et au Niger les policiers et les militaires ne parlent pas l'ashanti, seulement le français. Ils ont peur qu'on leur fasse des ennuis à la frontière – au « corridor », comme on dit chez nous – parce qu'ils ne comprendront pas ce qu'on leur demande.

« Mais moi je parle le français, je dis bien fort, pour qu'ils m'entendent.

— Toi, petit, tu parles le français, vraiment ? »

Ils ont l'air de ne pas en croire leurs oreilles.

« Ben oui, à la maison on parle le français.

— Alors ça c'est bien, dis donc ! Tu vas être notre interprète dans le corridor.

— Oui, c'est facile pour moi. Le policier il parle, et aussitôt je vous traduis.

— Formidable ! Kouamé, t'es avec nous ! Tous les trois on est dans la même équipe pour la Libye ! »

J'allais leur servir à quelque chose, alors maintenant ils étaient contents que je sois avec eux. Ils ne me regardaient plus comme un enfant qui s'était accroché à eux. Ils me posaient des questions, et comme souvent je ne comprenais pas la question, je répondais que j'étais d'accord.

« Mais donc, tes parents ils te laissent partir tout seul comme ça ?

— Ben oui, faire ma vie. Mon père aussi, quand il était jeune, il est parti. Et au retour il avait de l'argent et il a marié ma mère.

— Qu'est-ce qu'il fait ton père ?

— Professeur.

— T'es courageux, dis donc... »

Bientôt, nous sommes cinq parce que deux autres Ghanéens viennent manger avec nous. Un très jeune, de dix-sept ans peut-être, et un autre de vingt. Eux aussi veulent partir pour la Libye. Ils disent que, là-bas, il y a tellement de boulot que tu deviens riche en quelques mois. J'essaye de ne plus penser qu'à la Libye, un pays où la vie est facile, où les gens sont contents que tu viennes parce qu'ils ont besoin des Africains pour construire leurs maisons, leurs piscines, tout ce qu'ils peuvent payer parce qu'ils ont plus d'argent que dans n'importe quel autre pays. C'est ce que disent les Ghanéens, et ils rient, et ils se tapent sur les cuisses, ils ont hâte de partir. D'ailleurs, le soir de ce jour-là où on les rencontre, ils viennent nous dire qu'ils ont trouvé un autre autocar pour Niamey. Le voyage est peut-être plus long parce qu'il passe par le Togo, mais il part trois heures plus tard.

« Vous venez avec nous, on part tous les cinq ? »

On dit oui, puis non, parce qu'on a déjà acheté les tickets pour l'autre car et qu'on ne peut pas les changer.

« Dommage ! ils disent. Alors on se reverra à Tripoli. »

Et de nouveau on n'est plus que trois à attendre le car du lundi.

Enfin arrive le matin du départ. Le chauffeur charge le car et nous on monte, on se met devant pour regarder la route, les deux Ghanéens à droite, et moi juste derrière le chauffeur. Je ne suis plus seul, je me sens plus fort et, quand je pense à la Libye, ce que j'imagine m'empêche de me souvenir de ce qui est arrivé.

Traverser tout le Ghana jusqu'au Burkina Faso, c'est peut-être sept cents kilomètres. On passe à Ho, on s'arrête à la gare routière de Yendi pour manger et pour que le chauffeur se repose. Ce n'est que le lendemain qu'on arrive au corridor. Tout le monde doit descendre et les policiers te demandent ton passeport.

Moi, je n'ai que ma carte d'identité scolaire que m'a rendue sœur Claudine.

« Comment ça se fait que t'as pas de passeport, toi ? Tu es tout seul, tu voyages tout seul à ton âge ?

— Je vais retrouver mes parents à Niamey.

— Ah, tu habites là-bas… Alors tu parles le français ?

— Bien sûr que je parle le français ! je dis en français.

— Y a pas de problème alors. Donne-moi mille francs et je te laisse passer, tu remontes dans le car et t'es tranquille jusqu'à Niamey. »

Les policiers, c'est tout ce qui les intéresse, ils s'en foutent que tu n'aies pas de papiers du moment que tu as de l'argent. Ils s'en foutent de qui tu es, de ce que tu trafiques, si tu peux payer, tu peux aller où tu veux.

Au Burkina Faso, on s'arrête seulement pour manger à la sortie de Fada N'Gourma.

« Eh, Kouamé, tu descends avec nous ? »

Cette fois, les deux Ghanéens ont vraiment besoin de moi parce que les Burkinabés ne comprennent pas l'ashanti. Ils me disent ce qu'ils veulent manger, je demande le prix pour eux, je traduis, et je vois comme ils me sourient.

« Oh, Kouamé, t'es un vrai mec, toi ! Tu parles bien le français, dis donc ! »

On commence à rigoler ensemble, à se raconter des blagues. Je vois qu'ils sont contents de m'avoir avec eux, et maintenant je me sens vraiment protégé. Bien sûr que si un gars voulait me chercher des ennuis ou m'arracher mon argent, ils me défendraient. Bien sûr ! Ça me fait du bien de penser qu'on est amis, que je ne suis plus complètement seul sur la Terre. On ne se quitte plus, on est comme une petite famille.

C'est eux qui achètent à manger pour nous trois, ils ne veulent pas que je paye parce que je suis petit – « Garde ton argent, Kouamé. » Avec eux, on mange le gari, de la farine de manioc. Tu mets de l'eau dedans et en moins de deux minutes ça gonfle. Tu mets du sucre et tu manges ça. C'est bon, et c'est très solide dans le ventre.

## 15.

### « Où es-tu, Kouamé ?
### Tu n'avais pas le droit de disparaître »

Arrivés à Niamey, on ne sort pas de la gare routière. Tout de suite, on cherche l'autocar pour Agadès, l'autre grande ville du pays, et on achète les tickets. Niamey-Agadès, c'est deux jours de route, mille kilomètres à peu près.

Les deux Ghanéens, ils savent déjà tout, sans eux je serais peut-être encore dans la gare routière d'Accra à me demander ce que je vais faire. Ils savent que pour passer en Libye, c'est à Agadès que tu vas trouver quelqu'un pour t'aider.

« Parce que, en Libye, on ne peut pas entrer comme au Niger ?

— Ben non, faut payer un mec pour te faire passer.

— Mais tu disais qu'il y avait du boulot en Libye…

— Une fois que tu es à Tripoli, ils te donnent du boulot, c'est facile. Mais, sinon, ils ne veulent pas de toi, en Libye, ils ne veulent pas des Africains. C'est pas gagné comme ça de profiter de Tripoli, tu comprends ? »

Je ne suis pas sûr de comprendre, non. Mais j'acquiesce, je ne veux pas qu'ils pensent que je suis petit et que je ne sais rien.

Dès le lendemain, avant le lever du jour, on quitte Niamey et on roule vers Agadès. Depuis le Ghana, j'ai la diarrhée, mais là, de Niamey à Agadès, je suis vraiment malade, je dois me retenir et j'ai tout le corps qui tremble. À peine le car arrêté, je cours aux toilettes. Mon ventre coule, coule, et quand je regagne le car j'ai l'impression d'être fragile comme un vieillard.

Dès que tu descends du car, à Agadès, il y a des mecs qui viennent te parler.

« Libye ? Libye ?

— Oui.

— Vous êtes ensemble tous les trois ? Tu parles français, toi, le petit ?

— Je parle français, oui.

— Togolais ?

— Ghanéens.

— Je vous emmène. »

On arrive chez une dame, une Ghanéenne. Très gentille, elle parle l'ashanti.

« Vous êtes ici chez vous. »

La télévision est allumée, elle regarde la chaîne d'Accra, les deux Ghanéens sont contents, ils rient et ils se laissent tomber dans le canapé. Moi, je cours aux toilettes.

Et puis elle nous propose de prendre une douche, et ensuite elle nous donne à manger. D'autres Ghanéens arrivent bientôt, et d'autres étaient déjà dans la maison. Eux aussi, elle les invite à venir manger.

« Prenez, prenez, mangez autant que vous voulez, vous devez être fatigués. »

Je me sens bien chez cette dame chez qui nous passons la nuit. Des souvenirs de la maison me reviennent et j'ai envie de pleurer alors que justement je me sens moins perdu.

« Tu es jeune pour partir, toi, elle dit en me regardant manger le lendemain matin. Parfois, il en vient de ton âge, mais alors ils sont avec leurs parents.

— Il n'est pas si jeune, il a dix-sept ans, rétorquent les autres en riant.

— Ah bon, je te donnais moins... »

Et puis elle pose ses conditions, et ce matin-là on est tout un groupe à l'écouter parler. Mais, même là, elle continue d'être gentille.

Elle dit qu'elle va nous faire passer en Libye et que son prix pour nous emmener là-bas c'est cent trente mille francs CFA par personne, presque deux cents euros. Ça me paraît énorme, et sur le coup je ne suis pas sûr de les avoir encore.

« Si vous les avez, vous pouvez partir dès cet après-midi. Mais sinon, vous pouvez appeler votre famille pour qu'elle verse l'argent, et en attendant rester ici. Vous êtes chez vous. »

Après ça, je lui montre tout ce qu'il me reste, en lui expliquant que je veux garder cent euros pour me nourrir les premiers temps en Libye.

« Oui, tu fais bien. »

Alors elle compte ce qu'il reste pour elle. Il n'y a pas suffisamment, mais elle est d'accord.

« Tu es petit, tu ne prends pas beaucoup de place, tu vas partir quand même, ne t'en fais pas. »

Puis elle s'inquiète que je n'aie rien pour me couvrir, car elle dit que dans le désert il fait très froid la nuit. Elle regarde les quelques vêtements que m'a donnés sœur Claudine, elle réfléchit, et puis elle appelle un des gosses de la maison, lui glisse un billet et lui demande d'aller m'acheter un manteau en ville. Nous, maintenant que nous sommes chez elle, nous n'avons plus le droit de sortir avant le départ.

Voilà, nous sommes vingt et un Ghanéens prêts à partir pour la Libye. L'autocar – je pense alors que c'est un autocar qui va nous emmener – doit arriver à 16 heures. En attendant, nous avons reçu chacun un bidon de dix litres d'eau dans un de ces sacs qui servent à transporter le cacao. Le nom de chacun est inscrit sur le sac. Chacun son eau.

« Si vous perdez le bidon, si on vous le vole, vous avez toutes les chances de mourir de soif », nous prévient la dame dans une sorte de petit discours d'au revoir.

Ah bon, mais comment on pourrait mourir de soif si on est tous ensemble dans le car ? C'est ce que je me demande silencieusement en l'écoutant.

« Je vais être franche avec vous, poursuit-elle, vous allez traverser le désert et je ne peux pas vous garantir que vous allez arriver vivants de l'autre côté. Disons que vous avez une chance sur deux d'y arriver. Je pense que le chauffeur est bon – et lui aussi tient à sa vie, n'est-ce pas ? Mais il y a beaucoup de dangers dans le désert, le voyage peut durer une semaine comme un mois et très mal se finir. Vous devez le savoir et être bien certains de vouloir partir. »

Quand elle se tait et nous souhaite bon voyage avec un sourire, je sors de la pièce. Je vais m'asseoir devant la maison et je me mets à pleurer. Je pleure parce que si je meurs et que ma grande sœur est en vie, elle va me chercher et jamais me retrouver. Alors comment va-t-elle faire pour continuer à vivre, sans nos parents et en se demandant chaque jour : « Où es-tu, Kouamé ? Tu n'avais pas le droit de disparaître. Si je t'ai fait signe de t'enfuir par la fenêtre, c'est pour que tu restes vivant. Je t'ai sauvé la vie et tu as disparu. Je n'avais plus que toi, pourquoi ne m'as-tu pas cherchée ? »

Pour la première fois, je regrette d'être parti. J'aurais dû dire à sœur Claudine que je voulais rester, chercher ma sœur jusqu'à savoir si elle était vivante ou morte. Je risquais d'être tué ? Et alors ? Ici aussi, dans le désert, je risque de mourir.

Mais il est trop tard pour revenir en arrière.

# 16.

## *Dirkou*

J'étais rentré dans la maison et j'attendais avec les vingt autres qui devaient partir quand un Arabe est arrivé. Tout de suite, il a commencé à discuter avec la dame, et on a compris que c'était lui notre chauffeur. « Un Blanc, j'ai pensé, il va nous amener. » J'avais confiance en lui parce qu'il était blanc.

Mais ensuite, il nous a fait sortir et, quand j'ai vu la voiture, j'ai recommencé à pleurer. Ce n'était pas un autocar, non, c'était juste un pick-up, et à le voir comme ça tu aurais dit qu'il était trop petit pour dix, alors comment on allait monter à vingt et un là-dedans ?

Il a commencé par attacher nos bidons d'eau. Il y avait déjà deux barriques d'essence dans la benne. Puis il a fixé des piquets de bois sur les flancs du pick-up et il a appelé les plus grands d'entre nous à venir un par un. « Toi, toi, toi... » Il leur a montré comment s'asseoir sur les garde-corps de la benne, le piquet entre les cuisses et les jambes complètement à l'extérieur. De cette façon, ils occupaient très peu de place, disons que seules leurs fesses étaient à l'intérieur, posées en équilibre sur les garde-corps, leurs bras entourant le piquet pour ne pas tomber. Quand ils ont été installés, le chauffeur a posé les règles :

« On va affronter le désert, ça va secouer. Celui qui tombe, tant pis pour lui, je ne m'arrête pas. Vous risquez votre vie, mais moi aussi je risque la mienne. Plus on va vite, moins on a de chances de mourir. Compris ? »

Ils ont acquiescé, ils n'ont pas protesté.

Après ça, il nous a fait venir, nous, les « petits », un par un de nouveau, et il nous a fait asseoir sur le plateau, entre les deux haies formées par les dos des « grands ». On devait se tenir dans la position de l'œuf : les genoux sous le menton et les bras entourant étroitement les jambes pour occuper le moins de place possible. Mes deux amis ghanéens étaient avec moi et j'ai deviné qu'eux aussi étaient surpris de la façon dont le gars nous entassait. Jusqu'ici, on avait voyagé comme tout le monde, en autocar, c'était la première fois qu'on se trouvait entre les mains de « passeurs ».

Il était peut-être 17 heures quand nous avons quitté Agadès. Les premiers mille kilomètres, jusqu'à la frontière entre le Niger et la Libye, la route est goudronnée. Mais le chauffeur nous avait prévenus qu'il y avait des barrages de police et que par moments il s'écarterait de la route et passerait par le désert pour les éviter. Sur l'asphalte, on ne souffrait pas trop, entassés comme du bétail, mais, sur les cailloux du désert, chaque secousse se répercutait dans nos membres ankylosés et la douleur était si profonde, si insupportable, qu'on ne pouvait pas s'empêcher de pleurer en suppliant silencieusement le ciel que ça s'arrête.

Après deux jours seulement, nous sommes arrivés dans un village du nom de Dirkou. Le dernier avant le « corridor » pour la Libye, nous a prévenus le chauffeur.

Là, on pouvait aller manger, se promener, dormir un peu si on voulait, on n'allait pas repartir avant le lendemain. Le chauffeur a fixé l'heure du rendez-vous, en nous avertissant que celui qui ne serait pas là resterait à Dirkou.

Avec les deux Ghanéens, nous sommes partis chercher à manger. Jamais je n'aurais cru qu'un tel endroit existait sur la Terre : Dirkou est en réalité un immense camp de migrants où des milliers de femmes, d'enfants et d'hommes meurent lentement de faim et de désespoir. Tous te demandent quelques centimes pour manger, mais tu sais que la seule chose qui fait la différence entre eux et toi, c'est justement le peu d'argent qu'il te reste dans ta poche, alors forcément tu t'interdis de le donner. Qu'à ton tour tu n'aies plus d'argent, et tu seras condamné, comme eux, à errer misérablement dans ce village entouré de sable en attendant d'y mourir.

En parlant avec certains, nous avons compris que tous les Africains refoulés de Libye se retrouvent ici. Les policiers et les militaires libyens, qui reçoivent de l'argent de l'ONU pour rapatrier les migrants dans leur pays d'origine (je l'ai appris par la suite), les abandonnent en réalité à Dirkou, à quelques kilomètres seulement de leur frontière.

Ils ont tout donné pour arriver en Libye, et une fois refoulés dans ce lieu oublié du monde, ils n'ont plus aucun moyen de gagner de quoi rentrer chez eux. Ils sont perdus, destinés à disparaître.

À Dirkou, des femmes se prostituent pour deux cents francs CFA, soit vingt centimes d'euro, pour s'acheter du pain. Elles mettent au monde des enfants dont elles ne connaissent pas le père et qui sont voués, comme elles, à mourir de faim.

Ce jour-là, je me souviens de m'être demandé pour la première fois ce que nous, les Africains, nous avions fait de mal pour être traités moins bien que des animaux, car nulle part au monde on ne laisse des animaux mourir de faim.

## 17.

### *Comme des bonshommes de chiffon*

Nous quittons Dirkou un peu avant le lever du jour et, presque aussitôt, nous roulons à pleine vitesse dans le désert en soulevant derrière nous des tourbillons de poussière.

Le chauffeur a rappelé aux grands de bien se tenir car, une fois entrés en Libye, nous pouvons être pris en chasse par des patrouilles et alors il faudra foncer pour leur échapper.

« Celui qui tombe, personne ne va le chercher, tout le monde s'en fout. C'est bien compris ? »

Il nous a répété ça pendant qu'on finissait d'enfiler les cagoules et d'ajuster les lunettes pour se protéger du sable. Nous, les petits, ne risquons pas de tomber, mais la vie des grands, dont les jambes volent au-dessus des roues parmi les projections de sable et de cailloux, dépend de la solidité des piquets et de leur propre endurance – que le piquet se casse, ou qu'ils le lâchent dans une secousse, ou par fatigue, et ce sera fini pour eux.

À la tombée de la nuit, quand le chauffeur s'arrête, nous sommes des momies de sable. Les grands se laissent tomber au sol en gémissant et ils y restent un moment immobiles, le visage caché sous leurs cagoules, tandis que nous, les petits, nous nous traînons à quatre pattes comme des chiens avant que nos jambes retrouvent la force de nous porter.

On ne roule pas le soir parce que les patrouilles voient les phares de très loin. Mais, en revanche, on peut reprendre le voyage dès 4 ou 5 heures du matin.

« Maintenant, on dort », dit le chauffeur.

Lui s'enferme dans l'habitacle et nous tous nous couchons autour du pick-up. Mais tu ne peux pas dormir sans couverture dans le désert. Certains en ont une et je les envie. Moi, même avec mon manteau, je suis transi de froid et je passe la nuit à grelotter.

Quand le chauffeur se réveille et donne le signal, tout le monde commence à reprendre sa place, les grands ici, les petits là. Celui qui dort, il faut vite le taper pour le réveiller, sinon le mec va partir sans lui. C'est pourquoi on dort toujours avec le groupe. Si tu vas dormir loin, tout seul, qui va se souvenir de toi ?

Ce qui nous sauve, nous, les petits, c'est qu'à partir de 10 heures le soleil se met à chauffer. Alors là, en dépit des secousses qui nous font tressauter comme des sacs de riz, tout le monde s'endort dans la benne. Les grands, eux, n'ont pas cette chance, accrochés à leurs piquets dans le vent et les chaos comme des bonshommes de chiffon.

Ce deuxième jour, le chauffeur s'arrête subitement au début de l'après-midi. Il nous fait tous descendre et, un instant plus tard, il s'est évanoui avec son pick-up dans l'horizon qui semble bouillir comme de l'eau à cette heure du jour. Notre survie dépend de lui, il est seul et nous sommes vingt et un, mais personne n'a osé lui demander de comptes. Nous avons obéi, nous sommes descendus sans protester, et il est parti. Certains disent qu'il est allé chercher de l'essence au Tchad parce qu'il n'en aurait pas eu assez pour traverser tout le désert jusqu'à Tripoli.

Maintenant nous sommes seuls, sous le soleil brûlant, dans le silence, au milieu d'une mer de sable et de cailloux, et par petits groupes les gars sortent ce qu'ils ont emporté pour manger. Les deux Ghanéens et moi, on a pris chacun un kilo de manioc et du sucre. Avec ça, on peut tenir un mois peut-être. Si tu ne le mouilles pas trop, ça te fait comme de la semoule pour le couscous, si tu le mouilles beaucoup, ça te donne de la bouillie. Comme ça, tu as deux nourritures. Tous les migrants emportent le manioc, ils sont sûrs de ne pas mourir de faim. D'autres prennent des sardines en plus. Tu mets une sardine sur ta semoule et ça te fait encore une troisième nourriture, tu n'es pas malheureux.

Puis quelqu'un dit tout haut que le chauffeur ne va pas revenir.

« Il va pas revenir, le mec. Pourquoi il reviendrait ? Il a pris l'argent, il s'en fout de nous. »

Je crois que tout le monde le pensait, en tout cas, moi, je le pensais, mais maintenant que quelqu'un l'a dit on commence à imaginer ce qui nous attend. Il nous a laissé l'eau et le manioc, mais il n'y a sans doute aucun village à moins de cinq cents kilomètres, autant dire qu'on va mourir ici.

Au fil des heures, on croit de moins en moins à son retour. Par moments, on se dit qu'on va mourir, mais on n'y croit pas non plus trop longtemps. C'est difficile de penser à ça, de ne plus penser qu'à ça, malgré toi tu es distrait par quelque chose qui te redonne de l'espoir.

Six ou sept heures s'étaient écoulées, et certains s'étaient déjà allongés pour dormir, quand on a entendu le ronflement lointain d'un moteur. Alors tous, on s'est redressés. C'était incroyable, plus personne ne pensait qu'il reviendrait, et c'était lui ! Il ne nous avait pas abandonnés ! Les gars sautaient de joie, dansaient, criaient.

Il nous traitait moins bien que des animaux, mais qu'est-ce qui l'avait retenu de nous laisser mourir ? Aujourd'hui encore, je me le demande.

# 18.

## *Qui décide de qui va mourir*
## *et de qui va survivre ?*


Depuis combien de jours roulions-nous quand les grands nous ont prévenus qu'il y avait un troupeau, là-bas, devant ? Peut-être des gazelles. Et, en effet, le chauffeur a ralenti, et bientôt les grands nous ont annoncé que ce n'étaient pas des gazelles, mais des gens. Tout un groupe, et qu'ils nous faisaient des signes.

Qu'est-ce qu'ils faisaient là, au milieu du désert ?

Le chauffeur s'est arrêté et ils ont commencé à marcher vers le pick-up.

« N'approchez pas ! » il a crié, en sautant sur le sable et en brandissant son pistolet.

Ils se sont arrêtés à une quinzaine de mètres de nous.

« Qu'est-ce qui vous est arrivé ? a demandé quelqu'un.

— On a été attaqués par les Touaregs, ils ont emmené le chauffeur et le pick-up. »

Ils étaient plus de vingt, leurs chemises enroulées sur la tête pour se protéger du soleil.

« N'approchez pas ! » a de nouveau hurlé le chauffeur avec son pistolet.

J'ai compris qu'il avait peur qu'ils essayent de monter sur notre pick-up, dans lequel on n'aurait même pas pu ajouter un petit enfant.

À ce moment-là, j'ai reconnu dans leur groupe les deux Ghanéens qui avaient mangé avec nous à la gare routière d'Accra, ceux qui étaient pressés de partir et avaient trouvé un autocar qui passait par le Togo. On avait failli s'en aller avec eux, mais on avait déjà acheté nos tickets pour le lundi, alors on avait décidé d'attendre.

Je leur ai fait des grands signes.

« Eh, c'est nous les gars, on était ensemble à la gare routière… »

Avant de comprendre qu'ils ne pouvaient pas me reconnaître sous ma cagoule et mes lunettes noires. Alors j'ai tout enlevé.

« Kouamé ! ils ont crié. Merde, vous avez eu plus de chance que nous ! »

Ils étaient contents de nous revoir, et nous aussi, les deux Ghanéens et moi, mais en même temps ils savaient ce qui les attendait. Tout le monde savait.

« On n'a presque plus d'eau, et on n'a plus rien à manger », a dit l'un d'entre eux.

Alors on a commencé à leur jeter des bouts de pain et des petits gâteaux secs qu'ils ont ramassés.

Le chauffeur continuait à surveiller qu'aucun ne s'approchait de notre pick-up.

« Aidez-nous, a dit un homme de leur groupe, sinon on va mourir. »

Personne n'a répondu.

J'ai pensé que nous aussi, demain ou après-demain, on allait peut-être tomber sur des Touaregs. La dame d'Agadès avait bien dit qu'on n'avait qu'une chance sur deux d'arriver de l'autre côté. Mais qui décidait de qui allait mourir et de qui allait survivre ? Ma mère, qui était musulmane, m'expliquait que celui qui offense Dieu sera puni. N'étions-nous pas en train d'offenser Dieu, nous qui ne faisions rien pour sauver ces hommes ?

Soudain, le chauffeur est remonté dans la cabine, il a démarré très vite comme s'il s'enfuyait, mais aucun n'a tenté de courir pour sauter dans la benne. Quelques-uns ont agité les bras comme si on devait se revoir.

Peut-être le lendemain, ou le surlendemain, comme le chauffeur s'était arrêté pour faire sa prière, on a remarqué qu'il y avait des passeports posés sur le sable.

« C'est quoi, ces passeports ? on lui a demandé.

— Des gens comme ceux qu'on a vus l'autre jour. La prochaine fois qu'un pick-up passera par là, ils seront morts et on les enterrera sous le sable, avec les papiers posés dessus. »

Des gars de notre groupe sont partis fouiller dans les passeports pour voir s'ils n'en connaissaient pas certains. Ils ont dit que si c'était le cas, ils préviendraient leurs familles depuis Tripoli. Mais aucun ne connaissait ceux qui étaient morts ici.

Un ou deux jours plus tard, le chauffeur nous a dit qu'on n'était plus qu'à une heure de Gatron, la première ville libyenne. Maintenant on était sauvés, on ne risquait plus rien. Alors certains ont commencé à vider leur bidon d'eau dans le sable en chantant, en riant. Nous, on a laissé les nôtres avec l'eau dedans au cas où il y aurait des migrants qui arrivent à pied jusqu'ici.

On ne savait pas ce qui nous attendait à Gatron, mais on était fiers et heureux d'avoir vaincu cette première partie du désert. D'être sortis vivants de ces jours terribles qui nous laissaient des douleurs dans tout le corps.

# 19.

## *Gatron*

Le chauffeur fonçait vers Gatron, on avait tous le sourire parce que dans une demi-heure peut-être on serait libres. Libres de marcher dans la ville, de boire et de manger autant qu'on le voudrait. On pensait à ça, on se réjouissait, on avait hâte d'arriver, quand trois voitures ont surgi d'on ne sait pas où. Elles sont venues prendre position autour de nous, une s'est mise devant, nous projetant tout son sable, les deux autres de chaque côté. Alors, seulement, on a vu que c'était la police libyenne.

Mon cœur s'est arrêté de battre quand j'ai compris. Qu'allaient-ils faire de nous ? Nous continuions de rouler à pleine vitesse, mais dans quelle direction ? Le chauffeur était bien forcé d'obéir, d'aller là où la police voulait nous conduire…

Après je ne sais pas combien de kilomètres, nous sommes arrivés devant ce qui ressemblait à une caserne, en plein désert. Des grillages et des barbelés l'entouraient. Le pick-up est entré dans la cour intérieure, suivi par une voiture de la police, et là on a vu que c'était une prison.

Les policiers nous ont fait descendre. Ils ont pris les passeports de ceux qui en avaient, ceux qui comme moi n'avaient rien, ils ont laissé. Tu n'as pas de papiers, pas d'identité ? Ils s'en foutent, ils ne cherchent même pas à savoir qui tu es, ils te poussent avec le reste du groupe.

Après ça, ils nous ont fait entrer dans la partie où ils enferment les migrants, et là, d'un seul coup, c'est encore une chose que je n'aurais pas pu imaginer.

Des dizaines, et même des centaines d'hommes comme nous, vêtus de chiffons, sans plus aucune lumière dans le regard, certains debout, la plupart assis par terre, entassés de telle façon qu'ils ne peuvent plus bouger. Peut-être vingt personnes par cellule, sous un toit de tôle, avec juste une couverture pour te mettre sur le dos et dormir.

Quand j'ai compris qu'ils ne nous libéreraient que pour nous ramener à Dirkou, qu'il n'était pas question pour eux que nous restions en Libye, je me suis mis à pleurer, à pleurer. J'avais fait des milliers de kilomètres pour fuir les assassins de mes parents et tout cela pour me retrouver bientôt à mendier parmi les oubliés de Dirkou. En attendant quoi ? De tomber, de mourir. Là-bas, il n'y a plus rien à attendre, plus rien à espérer. Toute la nuit, j'ai pleuré et, le lendemain, ma décision était prise : s'ils me ramenaient dans cette ville maudite, je mettrais fin à mes jours.

Un espoir a pourtant surgi très vite, porté par mes deux amis ghanéens et par un troisième rencontré dans leur cellule. Ils allaient s'évader, et bien sûr ils m'emmèneraient avec eux si j'étais partant.

« Si tu t'évades et qu'ils te retrouvent, ils te tuent aussitôt, Kouamé. Il faut que tu le saches avant de prendre ta décision. Ils ne te ramènent pas à la prison, ils te tuent.

— Je m'évade avec vous. »

Qu'ils me tuent me semblait préférable à devoir me tuer moi-même.

« Et une fois sortis de la prison, sans eau ni nourriture, il faudra sortir vivants du désert et ce sera sans doute plus difficile encore.

— Oui, mais je préfère m'évader avec vous qu'être ramené à Dirkou. »

S'évader de la prison de Gatron, ce n'est pas seulement réussir à franchir la clôture de barbelés, c'est d'abord parvenir à creuser le mur et à s'enfuir par le trou. Pour creuser, nous n'avons rien d'autre que des cuillers et des fourchettes.

Au troisième jour, les Ghanéens renoncent. Moi, je n'ai pas la force de creuser tout seul. Alors je tombe dans une tristesse qui m'enlève même l'envie de manger. De toute façon, la nourriture nous rend malades, tous. De la farine, avec un peu de riz parfois, sur laquelle on verse du concentré de tomates, de l'eau et du sel. Ça fait une sorte de purée. Tu manges ça et cinq minutes plus tard tu dois courir aux toilettes – ça ne reste pas dans ton ventre.

Devant les toilettes, il y a une queue qui n'en finit pas. Trois toilettes pour trois ou quatre cents prisonniers, tu peux devoir attendre plusieurs heures en te tenant le ventre, et finalement tu fais sur toi. Les toilettes sont plus dégoûtantes qu'une porcherie. Si les policiers passent par là, ils vont te dire de nettoyer. Mais qui peut nettoyer ça ?

Après deux semaines, ils nous préviennent qu'ils vont nous « rapatrier », c'est-à-dire nous ramener à Dirkou. Nous sommes tous bien trop épuisés par ce que nous venons de traverser pour leur faire remarquer que

Dirkou n'est pas notre « patrie ». Et puis qui sommes-nous dans le regard des Libyens ?

Ils nous font sortir par petits groupes et bientôt nous sommes deux cent vingt et un debout dans le sable, encadrés par des policiers armés. Je n'ai jamais oublié ce chiffre – deux cent vingt et un – depuis tout petit c'est mon point fort de retenir les choses dans ma tête.

« Vous voyez le camion, devant ? nous dit un des policiers. Eh bien, vous allez courir et grimper dedans. Celui qui n'arrive pas à monter, il restera en prison jusqu'au prochain convoi. Les autres seront débarqués au Niger. Un conseil : ne tentez pas de revenir. Vous êtes prêts à courir ? Top, partez ! »

Le camion, c'est un poids lourd, avec une benne de trois mètres de haut peut-être. Nous nous sommes tous mis à courir parce que tout le monde préférait maintenant mourir à Dirkou que passer une journée de plus dans cette prison. Mais, arrivés sous la muraille d'acier de la benne, nous nous sommes donnés en spec-tacle aux gardiens qui savaient ce qui allait se passer, bien sûr. Aujourd'hui, je peux imaginer comme ils doivent attendre ce moment et combien chaque fois ils s'amusent. Les gars se montaient dessus pour par-venir à grimper, ils s'arrachaient les vêtements, certains perdaient leurs pantalons, et quand l'un y était presque, hors d'haleine, à moitié nu, trois autres se suspendaient à son pied et le faisaient retomber. C'était une mêlée inextricable et je devine combien les gardiens ont dû rire, et même par la suite se raconter les meilleurs moments. Quant à moi, je me souviens m'être jeté dix fois sur cette paroi lisse, qui n'offrait aucune prise, la poitrine en feu, et être retombé autant de fois. Quand j'étais prêt à renoncer, couché sur le sable et piétiné par les autres, le souvenir de la prison me faisait me relever et recommencer. Finalement, quelqu'un a saisi ma main – un de mes deux amis ghanéens – et j'ai basculé dans la benne.

Voilà donc comment les Libyens rapatrient les migrants : en réquisitionnant les poids lourds qui montent du Niger ou d'ailleurs avec leur cargaison et repartent à vide.

Quand le camion a démarré, il devait être autour de 17 heures, car déjà la nuit tombait.

## 20.

### *Des policiers-passeurs*

Nous roulions depuis plusieurs heures, dans le froid et l'obscurité, entassés au fond de la benne, quand nous avons vu des phares illuminer le camion et le ciel, au-dessus de nous. La voiture est venue à hauteur du chauffeur et, un instant plus tard, le poids lourd s'est arrêté.

Un policier en uniforme, probablement monté sur le toit de son pick-up, a surgi au-dessus de nos têtes.

« Je vais prendre quinze d'entre vous pour les emmener à Tripoli, c'est cent euros par personne. Que ceux qui ont l'argent et veulent aller en Libye descendent du camion. »

On n'avait encore jamais vu un policier-passeur et mes deux amis ghanéens ont tout de suite dit : « Non, il ne faut pas y aller. Aussi bien, il va te prendre tes cent euros et te remettre en prison. » Mais moi j'ai dit : « Je vais le faire. Je préfère courir le risque que de retourner à Dirkou. » Il me restait juste cent euros que je cachais dans mes fesses. Tu roules les sous dans du scotch noir, comme tu roules une cigarette, tu frottes avec du gel pour que ce soit bien glissant et tu le rentres dans ton anus.

J'ai dit au revoir aux Ghanéens et j'ai sauté dans le sable. On était peut-être soixante ou quatre-vingts à vouloir partir. Il a commencé à choisir : « Toi, toi, toi… » Et il m'a choisi !

À chacun il a pris cent euros, mille cinq cents euros au total, qu'il a glissés dans sa poche, et il a ordonné aux autres de remonter dans la benne. Je ne sais pas comment ils ont réussi à le faire, en pleine nuit, dans le froid et le ventre vide, parce que, nous, il nous a fait aussitôt grimper dans son pick-up, cinq devant dans la cabine et les dix autres à l'arrière. Une minute plus tard, nous roulions de nouveau vers Gatron et le camion était toujours immobilisé sur la piste.

Cette fois, je n'avais plus un sou, tout l'argent de sœur Claudine était parti, j'étais absolument nu, à la merci des événements, de la faim, de la misère, de la mort. Et seul. C'était à cela que je pensais tandis que nous roulions dans la nuit. Peut-être nous ramenait-il à la prison, mais peut-être pas. Si c'était la prison, elle serait mon tombeau, car je n'avais plus de force. Si c'était la liberté, eh bien, ce serait le signe que sœur Claudine continuait à guider mes pas.

C'était la liberté ! Vers 4 heures du matin, nous sommes entrés dans la ville de Gatron et le policier nous a emmenés chez lui.

Il nous a donné à manger et à boire et il a téléphoné à un de ses collègues.

« Vous restez là tranquillement, il a dit. Mon ami va venir dans un moment et vous emmener jusqu'à Sebha. De là, quelqu'un d'autre vous conduira jusqu'à Tripoli. »

J'ai pensé qu'avec des policiers pour passeurs, nous étions sans doute plus en sécurité qu'avec de simples passeurs, car on n'a jamais vu des policiers en embêter d'autres, et je me suis endormi par terre dans un coin de la maison.

En effet, un autre policier est arrivé dans la matinée et nous a embarqués tous les quinze dans son pick-up. De Gatron à Sebha, il y a environ trois cents kilomètres, que nous avons faits en une journée et une nuit. Avant les barrages, le policier nous recouvrait d'une bâche et alors la chaleur devenait suffocante. On l'entendait bavarder avec ses collègues, il disait que c'étaient des moutons sous la bâche, et les autres riaient. Peut-être le croyaient-ils car la plupart des Libyens élèvent des moutons, mais ce qui me fait penser le contraire c'est qu'aucun n'a jamais pris la peine de vérifier.

Arrivés à Sebha, le policier nous a d'ailleurs cachés parmi ses moutons plutôt que de nous emmener chez lui. Il faisait nuit, il nous a ouvert l'enclos et nous a ordonné de nous faufiler à quatre pattes entre les bêtes et de rester là, sans nous relever surtout, jusqu'à ce qu'un de ses collègues vienne nous chercher. Nous devions nous confondre avec les moutons pour que personne ne nous repère, mais, au contraire des moutons, nous n'avions pas le droit de faire pipi dans l'herbe. À peine dans l'enclos, l'un d'entre nous a uriné, ne pensant pas qu'une telle chose pouvait être interdite, et le policier, en entendant le bruit du jet, s'est mis à hurler : « Qui est en train de pisser ? Si tu veux pisser, connard, tu sors de l'enclos ! » Bien sûr, le gars ne s'est pas dénoncé, alors le policier nous a frappés chacun à notre tour avec son bâton, menaçant de tuer celui qu'il surprendrait en train de se soulager.

Son collègue est bien venu nous récupérer dans l'enclos le lendemain matin, peu avant l'aube. Avec lui, nous avons parcouru les cinq cents kilomètres qui nous séparaient encore de Tripoli, tantôt nous écartant de la route goudronnée pour emprunter le désert, tantôt sous une bâche quand il n'y avait pas moyen d'éviter un barrage.

# 21.

## *Daniel et Prince*

Et voilà, j'étais arrivé à Tripoli. Avec juste ce que j'avais sur moi : une chemise qui n'avait pas été lavée depuis que sœur Claudine m'avait mis dans le car, un pantalon déchiré aux genoux, des sandales, et dans mon sac le manteau acheté à Agadès et ma carte d'identité scolaire. Depuis combien de temps est-ce que je voyageais ? Je dirais deux mois à peu près. Et maintenant je n'avais plus un sou pour manger, rien.

Quand ils te déposent à Tripoli, ils te mettent dans une maison qu'ils ont louée pour ça, pour les migrants. Tu peux y rester deux jours, le temps de te trouver un autre endroit, et après ça tu dois partir pour laisser la place à ceux qui arrivent.

Je suis sorti, j'ai commencé à marcher un peu dans les rues autour de la maison. J'avais peur de ne pas la retrouver, alors je décrivais des cercles de plus en plus larges, mais je revenais entre chacun d'eux. La ville ne ressemblait pas du tout à celle où j'avais grandi : ici, les rues étaient défoncées, encombrées de voitures déglinguées dont certaines n'avaient même plus de roues, et partout des maisons étaient en construction, hérissées de fers à béton.

Mon idée était de trouver du travail, n'importe quel travail, pour que le soir on me donne de l'argent et que je puisse m'acheter à manger. Je me répétais ce que disaient les deux Ghanéens : « En Libye, y a du boulot. Là-bas, t'es content, tu peux vivre tranquille. » Sur le moment, je m'étais imaginé un pays où les gens t'attendent pour te donner du travail. « Tu n'as rien à faire, toi ? Tiens, prends donc la brouette, là, tu vas m'aider. » Je ne croyais plus que la nourriture était gratuite, mais je me figurais des gens heureux et souriants partout, des gens qui t'accueillent comme si tu étais déjà leur ami. Ce n'était pas du tout comme ça, personne ne m'adressait la parole ni ne me prêtait attention, et même des voitures me frôlaient en klaxonnant comme si elles n'étaient pas trop contentes de me voir ici.

J'étais arrêté devant une épicerie, et je pensais que j'avais faim, quand un Noir en est sorti avec du pain sous le bras et d'autres choses à manger dans un sac. Le premier Noir que je voyais à Tripoli. Je le regarde, et lui aussi me regarde. En moi-même, je me dis qu'il doit être sénégalais. Lui, je ne sais pas ce qu'il se dit, il paraît surpris de me trouver là, mais il continue son chemin.

L'après-midi même, je le revois. Il marche sur le trottoir, et tout de suite je le reconnais. « Tiens, voilà encore le Sénégalais. » Comme on va se croiser, il se souviens de moi, lui aussi. Il ne me sourit pas, mais il a l'air embêté. C'est ça qui me donne la force de l'aborder.

« Je t'ai déjà vu ce matin, je dis doucement. Moi, je viens d'arriver, je ne connais personne… »

Comme il me répond en arabe, je ne comprends rien.

« Tu n'es pas sénégalais ? je lui demande en ashanti.

— Non, moi je suis ghanéen (en ashanti cette fois). T'es ghanéen aussi, toi ?

— Non, mais je parle l'ashanti, et le français. »

Alors je lui explique un peu qui je suis, d'où je viens, mais sans lui dire la vérité sur mes parents.

Aussitôt il commence à me gronder, à m'insulter.

« Mais t'es un enfant, toi ! Qu'est-ce que tu viens faire par ici ? Tu connais qui, ici ? Tu crois qu'un petit comme toi il peut vivre tout seul à Tripoli ? C'est pas facile la vie, ici. Et quand t'es africain, c'est encore plus difficile. T'as quel âge ?

— Bientôt quinze ans.

— Quinze ans, merde ! Qu'est-ce que tu peux faire à quinze ans, ici, à Tripoli ! »

Et puis il se tait et me regarde.

« Depuis quand tu n'as pas mangé ?

— Ça va, je n'ai pas faim.

— Je ne peux pas te laisser comme ça, viens avec moi. »

Un moment, nous marchons côte à côte, silencieusement, et nous entrons dans une maison en chantier.

« C'est ici, suis-moi. Et fais attention à ne pas tomber dans l'escalier, il n'y a pas encore de rambarde. »

Nous pénétrons dans une pièce où un ouvrier est en train de crépir les murs.

« Je te présente Prince, il est ghanéen, comme moi. »

Et se tournant vers Prince :

« Il s'appelle Kouamé, c'est un petit, je l'ai trouvé dans la rue. Il va d'abord manger, hein, et on verra ensuite ce qu'on peut faire.

— Ouais », dit Prince.

L'homme qui m'a récupéré s'appelle Daniel. Lui aussi fait du crépi, ils habitent tous les deux sur le chantier.

Pendant que je mange le reste de leur repas, je les regarde travailler.

À Tripoli, m'explique Daniel, les Égyptiens construisent les maisons, les Tunisiens font les carrelages et les Ghanéens le crépi. Le propriétaire libyen te paie trois dinars le mètre carré de crépi et, pendant toute la durée du chantier, tu peux habiter sur place. Daniel et Prince sont là depuis deux mois déjà, ils ont leurs matelas, un canapé et un réchaud pour la cuisine. Chaque semaine, le propriétaire leur donne en plus un sac de riz, un sac de farine, de l'huile, des tomates et du sel. Le Ghanéen ne paie que la viande, c'est la règle, tout le reste est gratuit. Voilà donc pourquoi, je me dis en les écoutant, on raconte au Ghana que la nourriture est gratuite en Libye.

Quand le soir tombe et qu'ils arrêtent de travailler, je suis toujours là à les regarder laver leurs outils.

« Bon, tu vas dormir ici ce soir, me dit Daniel. Tripoli, la nuit, c'est dangereux, tu peux te faire tuer, comme ça, parce qu'ils s'en foutent de toi. Mets-toi sur le canapé et prends cette couverture, tu seras bien. »

## 22.

*« Un singe ! Un singe ! »*

Deux jours passent, et je suis toujours avec eux. Daniel semblait soucieux, je l'avais entendu dire à Prince que le problème c'était le propriétaire, certains ne veulent pas que tu fasses venir n'importe qui sur le chantier. « C'est qui celui-là ? C'est pas un hôtel, ici. » Mais quand le propriétaire est venu, tout s'est arrangé – il s'en fiche que j'habite là du moment que les travaux avancent.

« On va même gagner du temps, lui a dit Prince, parce que Kouamé sait faire à manger. »

C'était faux, mais le dire nous a donné l'idée.

Le lendemain, Prince m'a pris avec lui pour aller à l'épicerie.

« Apprends bien le chemin, et demain tu iras tout seul. »

Maintenant, c'est moi qui vais à l'épicerie chercher le pain, la viande, et de quoi faire le café.

Ils m'ont expliqué comment cuire la viande et préparer le riz. Au début, ce n'est pas très bon, mais ils prennent ça à la rigolade.

« Faut améliorer un peu ta technique, Kouamé. »

Je regrette secrètement de ne pas avoir suivi les cours de ma mère avec ma grande sœur, au lieu de regarder la télévision avec mon père. Mais je réfléchis, je comprends, et je ne refais pas les mêmes erreurs. Ils trouvent ça meilleur – « De mieux en mieux, Kouamé ! » ils disent en riant et avec l'air de se régaler. Après une dizaine de jours, j'ai le sentiment que nous sommes bien ensemble et que ça peut durer. Est-ce encore la main de sœur Claudine ? Ou ses prières ? En tout cas, voilà plusieurs fois que, me croyant perdu, j'ai vu apparaître quelqu'un qui m'a redonné espoir.

Bien sûr, nous ne sommes pas une famille, eux ont chacun la leur au Ghana et un jour ils repartiront, mais pouvoir seulement me projeter dans huit jours, me dire que toutes ces nuits qui viennent je n'ai plus à me soucier de savoir où dormir, que je ne risque rien, et même que j'ai quelqu'un pour me protéger, ça me suffit bien.

Bientôt, notre emploi du temps ressemble d'ailleurs à celui d'une famille. Eux se lèvent à 4 heures du matin et aussitôt ils se mettent au travail. Moi, je dors jusqu'à 7 heures et, quand je me réveille, je prépare le café pour nous trois. Je les appelle et nous prenons ensemble le petit déjeuner.

Ensuite, je les regarde travailler pour apprendre. J'écoute ce qu'ils m'expliquent en essayant de répéter les gestes. Puis je pars à l'épicerie et je me mets à la cuisine. Quand tout est prêt, je vais les chercher, et c'est un plaisir de manger tous les trois.

Désormais, le soir, c'est moi qui nettoie leurs outils. Je m'applique pour qu'ils les trouvent bien propres le lendemain. Des outils sales font du mauvais crépi.

Au fil des jours, je commence à imaginer que je pourrais apprendre ce métier et, comme je l'avais envisagé à Accra, travailler et vivre à Tripoli. Les chantiers ne manquent pas et, si tu es ghanéen, tu as toutes les chances de te voir confier le crépi.

Daniel et Prince me croient capables de faire aussi bien qu'eux, et je deviens leur apprenti, c'est maintenant décidé. C'est moi qui mélange le sable et le ciment, le mouille comme il faut et leur tends le seau. Puis je perfectionne mon geste et il arrive qu'ils me donnent un petit endroit à crépir qu'ils viennent ensuite inspecter en m'expliquant tout ce qui ne va pas.

Je suis à Tripoli depuis plusieurs semaines et, quand tous les deux parlent du jour où ils rentreront au Ghana, je sens la tristesse des premiers temps me tomber dessus. Pourquoi les choses se défont-elles ? Pourquoi rien ne semble pouvoir durer ?

« Tu rentreras avec nous, Kouamé. Ici, c'est bien pour quelques mois, tu gagnes beaucoup, mais faut pas rester.

— Pourquoi faut pas rester ?

— Parce que ça peut tourner mal, un jour. Tu ne vois pas comment les Libyens te regardent ?

— L'épicier est gentil.

— Tu ne connais que l'épicier. Quand tu feras des affaires toi-même, tu comprendras. »

Je comprends un peu plus tard, quand arrive la fête de Tabaski, qui est aux Libyens ce que Noël est aux Européens. Ce jour-là, les enfants sont rois, ils reçoivent des cadeaux de leurs parents, et toutes les familles se retrouvent dehors pour manger, se réjouir et faire la fête.

Pour nous, c'est une journée normale, et comme les autres jours je vais à l'épicerie. Il y a des dizaines d'enfants dans la rue, que leurs parents surveillent, assis sur des fauteuils qu'ils ont sortis sur le trottoir. Moi, je passe en souriant, et je m'apprête à leur dire bonjour.

Mais alors les enfants m'aperçoivent, et aussitôt ils se mettent à hurler « Ghalaan ! Ghalaan ! » et commencent à me jeter des pierres. Comme je vois que les parents rient et applaudissent, j'imagine d'abord que c'est un jeu. Puis plusieurs pierres m'atteignent à la tête, au thorax, et comme les enfants se rapprochent en hurlant, je me mets à courir pour leur échapper et regagner le chantier.

J'ai un peu de sang sur le visage et sur les mains quand je retrouve Daniel et Prince.

« Je me suis fait attaquer par des enfants. Ils criaient "Ghalaan ! Ghalaan !", qu'est-ce que ça veut dire ?

— Tu as bien fait de t'enfuir.

— Mais qu'est-ce que ça veut dire "Ghalaan" ?

— Tu veux vraiment le savoir ? Ça veut dire : "Un singe ! Un singe !" Tu comprends, maintenant, comment les Libyens te regardent ? »

## 23.

## *Les Libyens*

Les Libyens ont besoin des Ghanéens pour le crépi, mais ils ne sont pas nos amis. Maintenant, je travaille avec Daniel et Prince, et j'apprends à me défendre, j'apprends tout ce qu'il faut savoir pour faire des affaires dans ce pays.

Le propriétaire, il te dit qu'il va te payer quand le chantier sera fini, et si tu ne sais pas comment ça se passe ici, tu dis : « Oui, d'accord », parce que tu es content d'avoir trouvé du travail. Mais quand le chantier est fini, il s'en fiche de toi, il te dit de partir de là et qu'il ne veut plus te voir traîner dans le quartier. Qu'est-ce que tu peux faire contre lui ? Rien du tout. Tu n'as pas de papiers, et en plus tu es noir. Il a un pistolet accroché à sa ceinture, il pourrait te tuer sur le trottoir que même la police rigolerait. Le bon moyen, c'est de lui demander de te donner ce qu'il te doit à la fin de chaque semaine. Tant qu'il a besoin de toi pour terminer sa maison, tu es son ami, il va payer. Mais aussitôt que tout est fini, il ne te connaît plus.

Déjà, la fin du chantier, ce n'est pas gagné. S'il fait construire sa maison, c'est qu'il va se marier, et c'est à sa fiancée de décider si le crépi est bien fait. Gare à toi si elle dit que ce n'est pas joli, alors tu vas devoir tout recommencer. Le jour où il vient avec elle pour la visite, on doit se tenir enfermés dans une pièce, on n'a pas le droit de voir sa fiancée. C'est la coutume, là-bas, on ne doit pas regarder la femme d'un autre. Même dans la rue, si tu croises le regard d'une fille et que le gars te voit, ta mort n'est pas loin. Donc, la fiancée visite toute la maison, et si elle est contente le propriétaire va l'enfermer dans sa voiture et il revient pour te payer.

À partir de ce moment-là, tu dois vite partir, car il est capable d'aller prévenir les petits voleurs du quartier qui vont arriver pour te braquer. Ils prendront une partie de l'argent et ils rendront le reste au propriétaire.

Tout au long du chantier, la question de l'argent est un souci puisque nous sommes clandestins en Libye et n'avons pas le droit d'ouvrir un compte en banque. Chaque semaine, quand le propriétaire nous paye, on met dans la poche les sous pour la nourriture, et le reste on le cache à l'intérieur d'un mur. Tu fais un trou, tu glisses l'argent à l'intérieur, et tu refermes avec du ciment. Quand le chantier est fini, tu ramasses tout ton argent et tu t'en vas vite.

Alors, tu as des dinars dans ta poche, une grosse somme, et il faut les changer en dollars sans tarder si tu ne veux pas tout perdre parce que le dinar ne vaut rien du tout. Toi, le Noir, tu ne peux pas entrer dans une banque, il y a des Arabes qui sont là pour aller changer ton argent. Tu prends ton téléphone et le gars te fixe un rendez-vous. Il faut trouver un homme de confiance, un qui a peur de Dieu. Heureusement, beaucoup de Libyens ont peur de Dieu, c'est la seule chose qui nous aide là-bas. Tu lui remets tout ton argent, il va à la banque, et il revient avec des dollars. Pour le service, il te prend cinquante dollars, c'est comme ça qu'il gagne sa vie.

D'autres Arabes sont là pour envoyer les sous des migrants à leur famille, au Ghana, au Niger, au Togo ou ailleurs. Ils se chargent d'entrer dans l'agence, de faire les papiers, et eux aussi te prennent cinquante dollars pour ça.

Les Ghanéens se connaissent bien entre eux et, quand un chantier est fini, ils vont habiter provisoirement sur un autre chantier de Ghanéens, en attendant d'être embauchés ailleurs. Personne n'a de maison, on va de chantier en chantier.

C'est ce que nous faisons avec Daniel et Prince. Nous sommes maintenant une équipe de trois sur les chantiers et je touche autant d'argent qu'eux.

Aujourd'hui, avec le recul, j'ai du mal à parler du garçon que j'ai été durant cette période libyenne qui a duré une année environ (nous avons fêté là-bas mes seize ans). Dans mon souvenir, je repense rarement à mes parents et à ma grande sœur, on dirait que la souffrance s'est détachée de moi. Elle est encore là, à certains moments je peux l'entendre bouger et respirer, mais comme un chat qui dort. La vérité, c'est que je suis trop occupé à vivre, ou plutôt à survivre, dans un pays où chaque jour je peux être tué, pour songer à tout ce que j'ai perdu. Le travail du crépi et la méfiance quotidienne épuisent mes forces. D'ailleurs, la nuit, je dors d'une traite. À peine allongé, je m'endors. Parfois, je me dis que si on m'avait interrogé durant ces mois où nous courions après le travail et l'argent, attentifs aux dangers multiples qui nous guettaient, j'aurais peut-être répondu spontanément que je construisais ma vie de demain, que je croyais en l'avenir, que je n'étais pas malheureux. Sans voir que je survivais au-dessus d'un gouffre. Je sais bien, aujourd'hui, que le malheur est entêté et que, si tu peux l'oublier un moment, lui ne t'oublie pas.

## 24.

### *Aller de l'avant*

Un matin, toute la ville résonne de coups de feu. Il est courant d'entendre des tirs à Tripoli, mais là c'est une bataille sans répit. Des militaires et des civils armés sont embusqués derrière des voitures. On ne voit pas sur qui ils tirent, mais les rues sont vides. De toute la journée, on ne sort pas. Les tirs se poursuivent durant la nuit et, le lendemain matin, le quartier semble mort. Pas un enfant dehors à l'heure de l'école, pas une voiture.

On ne va pas à l'épicerie de peur d'être pris pour cible.

Pour Daniel, c'est devenu trop dangereux.

« On finit ce chantier, les gars, et on retourne au Ghana.

— Tu es sûr ? Là-bas, il n'y a pas de boulot, tu te souviens ?

— Toi, Prince, tu es prêt à mourir ici ? Pour de l'argent, tu es prêt à mourir ? »

Ils se disputent un peu, mais si Daniel retourne, Prince retourne avec lui.

« On t'emmène avec nous, Kouamé. »

Daniel l'a dit d'autorité, comme s'il était mon grand frère, comme si ça allait de soi.

Je ne sais pas où je trouve la force de répondre « non », alors qu'à la minute où ils ont annoncé qu'ils rentraient j'ai senti la peur me serrer le ventre. La peur d'être de nouveau seul, à la merci des trafiquants et des voleurs, tandis qu'avec eux je me sens en sécurité.

« Non, moi je ne retourne pas, je vais de l'avant.

— Qu'est-ce que ça veut dire, aller de l'avant ? »

Je ne trouve pas les mots pour leur expliquer que « retourner » revient pour moi à réveiller la mémoire de cette matinée de décembre où j'ai vu entrer les deux hommes cagoulés, comme si tout était à recommencer, tandis qu'« aller de l'avant » me garde les yeux dans la direction opposée. « Aller de l'avant », c'est peut-être tout simplement éloigner le souvenir, continuer à courir pour qu'il ne me rattrape pas. Je le devine confusément, mais il est alors trop tôt pour le formuler.

« Seul, ici, tu ne vivras pas longtemps, Kouamé, reprend Daniel. Rentre avec nous, là-bas tu connaîtras une femme et tu feras une famille.

— Non, là-bas il n'y a rien pour moi. »

Alors tous les deux m'insultent : ils m'ont pris dans la rue, ils m'ont appris un métier, ils m'ont appris à me défendre, on est devenus comme une famille et aujourd'hui je m'en fous d'eux, je les laisse repartir comme si je ne les connaissais pas. Ils sont en colère et moi je me tais. Ils ne comprennent pas, ils ne savent pas que mes parents ont été assassinés, que ma grande sœur est peut-être morte, et je ne veux pas le leur dire. Ou plutôt je ne peux pas. Je sens que si je le disais, je recommencerais à trembler. J'ai le souvenir lointain du garçon que j'ai été chez sœur Claudine, fragile comme une feuille, et ce garçon-là aussi me fait peur. Ne pas me retourner, aller de l'avant, voilà ce que je dois faire.

« Je ne vais pas rester seul ici. En Algérie, il n'y a pas la guerre, c'est là où je vais aller.

— Mais qu'est-ce que tu vas faire en Algérie ? Tu ne connais personne.

— Ici non plus je ne connaissais personne.

— Les Algériens sont encore plus mauvais que les Libyens. Et, là-bas, il n'y a pas de boulot… »

Mais ma décision est prise, et quand le chantier est fini je répète que je veux partir en Algérie. Je vais me retrouver seul, j'ai peur, mais je préfère cette peur à refaire tout le chemin dans l'autre sens.

« Je vais appeler quelqu'un que je connais, me dit alors Daniel. Il habite tout près de la frontière avec l'Algérie, il t'aidera. »

Il met le téléphone sur haut-parleur et comme ça je peux entendre la conversation.

« Bonjour Abou. Dis-moi, j'ai un petit avec moi, là. Il voudrait passer en Algérie, tu peux l'aider ?

— Bien sûr ! Qu'il vienne à Ghadamès et je le ferai passer. »

Il explique alors où trouver la voiture pour aller de Tripoli à Ghadamès. Il n'y a pas de cars pour cette destination, seulement des passeurs.

Le jour venu, Daniel et Prince m'accompagnent. Daniel parle un peu arabe et c'est lui qui négocie pour moi avec le passeur. C'est un minibus, si tu peux attendre qu'il soit plein pour partir ça te coûte dix euros le voyage, mais si tu veux partir tout de suite tu payes les places vides. Comme rester est dangereux, je donne

cent euros au chauffeur et il est prêt à partir. J'ai gagné
près de mille euros, je me sens riche.

Prince me fait ses adieux, puis Daniel, et je monte
dans le minibus avec mon sac. Je les regarde s'éloigner
par la fenêtre et je m'interdis de pleurer.

## 25.

### *De l'autre côté : l'Algérie !*

Abou m'attend à la gare routière de Ghadamès. C'est un homme sympathique, d'une cinquantaine d'années, mécanicien dans cette petite ville depuis trente ans.

« Sois le bienvenu, tu es ici chez toi. »

Les mots habituels des passeurs.

Et, aussitôt après, l'évocation du malheur possible, comme s'ils t'ouvraient les portes de l'enfer avec le sourire :

« L'Algérie n'est pas loin, mais tu ne vas pas y aller en bus, tu te ferais arrêter et jeter en prison, tu vas y aller à pied, quand il fera nuit. En attendant, viens manger à la maison. »

Après le repas, il m'emmène sur une crête. De là, on peut voir la frontière. La nuit est tombée et on aperçoit quelques lueurs pâles et tremblotantes dans le lointain.

« Là-bas, ce qui brille faiblement, c'est Deb-Deb, la première ville d'Algérie. Maintenant, regarde plus près de nous. Tu vois la lumière blanche toute seule, là ? C'est le poste frontière de la Libye. Et juste après, l'autre lumière plus jaune…

— Oui, je la vois.

— Eh bien, c'est le poste frontière de l'Algérie. Alors, écoute-moi bien : toi, tu vas les contourner par le désert. Tu vas décrire un grand cercle pour passer le plus loin possible d'eux. Il ne faudra pas perdre de vue les lumières car alors tu pourrais partir dans le désert et ne plus retrouver ton chemin, mais il ne faudra pas non plus passer trop près des Libyens car ceux-là, s'ils t'aperçoivent dans le noir, ils sont capables de te tirer dessus. Les Algériens, je ne sais pas, mais s'ils te voient et t'arrêtent, ils te mettront en prison, ça c'est sûr.

Il m'accompagne sur deux ou trois kilomètres et puis il me souhaite bonne chance et m'abandonne à la sortie de la ville.

Je fais ma prière, je demande à mes parents de me soutenir. Si je suis là, seul, avec mon sac sur le dos, c'est par leur faute, alors qu'ils me donnent la chance de ne pas être vu des policiers et la force de marcher sans trembler ni me perdre.

Et puis je m'avance dans le désert et ça y est, mon destin est entre les mains de Dieu, s'il le veut je vais réussir, mais s'il trouve que ma vie ne vaut rien, il va faire qu'elle s'arrête là et, dans une demi-heure, peut-être, je retrouverai mes parents dans l'autre monde. Je pense à cela très fort tandis que je décris un grand cercle dans le désert, marchant silencieusement sans perdre de vue la lumière la plus blanche, celle des Libyens. Par moments, elle s'efface, puis réapparaît. Est-ce que je ne m'en suis pas trop rapproché ? Mon cœur se met à cogner, je repars vers le désert. Mais non, rien ne vient troubler le silence, je peux donc continuer, et cette fois en prenant bien garde de rester à bonne distance du poste algérien.

La nuit est encore profonde quand je vois se découper sur l'horizon bleuté les premières maisons de Deb-Deb.

J'ai réussi, je suis en Algérie ! Je souris, et on dirait que mon corps tout entier a envie de rire. J'ai réussi ! Mes parents ne m'ont pas abandonné. Sœur Claudine a dû être bien présente aussi. Je les remercie tous, je remercie le Ciel.

Derrière une maison, je trouve un endroit tranquille pour m'allonger et très vite je m'endors dans la couverture que m'ont donnée Daniel et Prince.

Aux premières lueurs du jour, je me réveille. Je m'habille de vêtements propres pour ne pas attirer l'attention et j'entre dans la ville comme si je sortais d'un hôtel.

Les premiers commerces sont en train d'ouvrir. À un marchand de légumes, je demande s'il peut m'indiquer la gare routière.

J'ai parlé en français, et lui me répond en français. Cette fois, je ne peux pas m'empêcher de sourire – la Libye est bien derrière moi !

« Et où tu vas comme ça, mon garçon ?

— Chercher du travail.

— Ici, il n'y en a pas. Mais si tu vas à Ouargla peut-être. Là-bas il y a des usines, des exploitations, tout ce que tu veux.

— Alors c'est là que je vais aller. »

À la gare routière, j'achète un ticket pour Ouargla. On ne me demande rien, on ne me regarde même pas comme un Noir, et je m'assois dans le bus comme tout le monde. Un bus confortable où les gens te saluent.

Quand le car roule dans le désert sur une bonne route goudronnée, et que mon voisin m'offre une orange quand il en prend une pour lui, je me mets à penser que mon voyage pourrait s'arrêter à Ouargla. Daniel et Prince se trompent, les Algériens sont meilleurs que les Libyens, ils ne portent pas d'armes et ils se fichent de ta couleur.

## 26.

### *L'homme de Ouargla*

Le soir tombe quand l'autocar entre dans la gare routière de Ouargla. J'ai pu voir comme la ville est grande – des avenues, des immeubles, des policiers pour la circulation, des terrasses de café illuminées pleines d'hommes qui fument et jouent aux cartes, des boutiques. Beaucoup de militaires aussi sur les trottoirs. De nouveau je me demande où je vais dormir – ma plus grande peur depuis que j'ai quitté mon pays. Il s'y mêle ici, en Algérie, celle d'être arrêté par la police. Abou : « Sils te voient, ils te mettront en prison. » Au Ghana et au Niger, tu peux dormir dehors, la police s'en moque, mais ici les gens ne dorment pas dans les gares routières. Ils descendent du car et rentrent chez eux.

Pendant deux ou trois minutes, je reste près des guichets à me demander où je vais aller. Et puis un homme descend d'un taxi et s'approche. Un Noir.

« Tu vas quelque part, je peux te conduire ?

— Je cherche du boulot, ici, à Ouargla. Tu ne connais pas quelque chose ?

— Tu sais où dormir déjà ?

— Non.

— Alors faut pas rester ici. Si tu veux, je t'emmène chez moi, tu dors tranquillement, et demain tu cherches le travail. »

Je pense que jusqu'ici j'ai eu de la chance, qu'au pire moment quelqu'un est chaque fois venu pour me tendre la main, alors je dis : « D'accord, je viens chez toi. »

Dans la voiture, il m'explique mieux comment les choses vont se passer. Chez lui, je ne risque rien, et je peux rester autant que je veux, mais en échange je dois lui donner cinquante euros.

« C'est beaucoup d'argent, je dis.

— Non, jusqu'à tant que tu trouves le travail, cinquante euros c'est pas cher. Sinon tu dors dehors n'importe où et tu peux te faire voler, ou ramasser par la police. C'est dangereux, dehors. »

Mais le lendemain, quand on boit le café, il me dit qu'il n'y a pas de travail pour les Africains, ici, à Ouargla. Que, toutes les semaines, il héberge des Noirs qui débarquent comme moi à la gare routière, et qu'aucun n'a jamais trouvé à se faire embaucher.

« Sans papiers, tu ne trouves rien, ici. »

Abou m'avait demandé si j'avais des papiers, et quand je lui avais montré ma carte d'identité scolaire avec une photo prise l'année de mes quatorze ans, il avait rigolé. « C'est pas un passeport, ça. C'est rien du tout. »

« L'endroit où il y a du travail, c'est à Maghnia, reprend le gars. Là-bas, ils font les salades, les oignons, tous les légumes, et les exploitants ils ont besoin de bras. Ils vont pas te demander d'où tu viens ni si tu as des papiers.

— C'est loin, Maghnia ?

— À l'autre bout du pays, près de la frontière avec le Maroc.

— Tu es sûr que là-bas je trouverai ?

— Sûr et certain. Tous les Africains, ils vont à Maghnia. Et là-bas, la police, elle est pas regardante comme ici. Tu peux t'installer tranquillement et même cultiver ton propre champ. La terre est très bonne à Maghnia, c'est pas du sable comme ici que tu arroses et rien ne pousse. »

Bien sûr, avec le recul, j'ai compris que cet homme était un petit voleur. Il devait prendre cinquante euros à chaque Africain qu'il trouvait à la gare et, dès le lendemain, le décourager de rester, si bien qu'il se faisait cinquante euros par nuit.

J'ai suivi son conseil, je suis parti pour Maghnia, par le train cette fois. Un long voyage, plus de mille kilomètres à travers le sud de l'Algérie jusqu'à la frontière avec le Maroc. Mais, dans le train, j'étais plein d'espoir : l'Algérie allait être mon pays d'adoption, car ici on parlait français et on avait besoin des Africains pour faire pousser les légumes.

## 27.

### *« Viens, on va chez moi »*

La gare ferroviaire de Maghnia grouille d'Africains noirs quand j'y arrive, et je me dis que l'homme de Ouargla ne m'a pas menti. Ici, je vais trouver du travail, d'autant plus facilement que la police semble indifférente à notre présence.

Je suis sur le point de sortir de la gare, quand un Africain m'aborde en anglais. Comme je réponds en français, un autre arrive aussitôt et me parle en ashanti.

« Tu es ghanéen, toi ?

— Oui, je dis, car je ne veux pas qu'il sache le nom de mon pays.

— Viens, on va chez moi. »

C'est un monsieur élégant d'une cinquantaine d'années, et, comme il arrête un taxi, j'imagine qu'il cherche à recruter des jeunes pour travailler dans ses champs. Il va m'embaucher, je n'ai aucun doute.

Nous sortons de la ville tandis que le soleil se couche. Le monsieur ne m'adresse pas la parole, il est absorbé dans son téléphone, signe qu'il doit être à la tête d'une grande exploitation qui lui cause beaucoup de soucis.

Comme nous longeons une forêt, il ordonne soudain au taxi de s'arrêter.

« Laisse-nous là, c'est bien. »

Il me fait descendre.

« Suis-moi, on va marcher un peu. »

Alors nous nous enfonçons dans la forêt par un sentier pentu. Mais bien qu'il fasse de plus en plus sombre, je n'ai pas peur. Cet homme, qui pourrait être mon père, m'inspire confiance.

Nous descendons, parfois la pente est raide, et je m'attends à ce que nous tombions sur une propriété, mais bientôt, en fait de maison, c'est un spectacle ahurissant qui s'offre à mes yeux : plusieurs centaines de Noirs se tiennent assis en rond dans une vaste clairière illuminée par des flambeaux, la plupart fument et beaucoup tiennent à la main une canette de bière ou de Coca-Cola.

« Tu restes là et tu m'attends, me dit le monsieur. Comme tu vois, nous avons une réunion. Je m'occupe de toi ensuite. »

À ce moment-là, seulement, j'imagine que je suis peut-être de nouveau tombé sur un type pas clair et je sens que mon cœur s'affole. « Bon, je me dis, depuis un an et demi je suis trafiqué par des êtres humains, et ça continue. C'est le monde entier qui est comme ça, à moi d'être fort. »

La réunion se prolonge durant deux heures peut-être, et je remarque que les Noirs sont placés par nationalité, car chaque groupe semble être représenté par un chef qui s'exprime dans sa langue : un chef ghanéen, un nigérian, un malien, un camerounais, un nigérien, etc. Si l'un parle en anglais, un autre traduit en français pour que tout le monde puisse comprendre, et de la même façon si l'un parle en français, un autre traduit en anglais. La discussion n'est pas facile à suivre, mais le débat tourne autour du passage au Maroc et des tarifs.

Quand le monsieur revient vers moi, il est accompagné d'un autre.

« J'ai un nouveau passager, il lui dit en me présentant. Occupe-toi de lui, on verra demain pour le reste. »

Et à moi :

« Tu vas dormir ici, je rentre chez moi et je te vois demain. »

Là-dessus, il s'en va. Je devine qu'il doit être le chef des Ghanéens, et que l'autre est le sous-chef.

Cette nuit-là, je me retrouve donc à dormir sous une grande tente, dans la forêt, avec d'autres Ghanéens qui parlent un peu entre eux, à voix basse, mais ne m'adressent pas la parole.

Au matin, je découvre à quoi ressemble cet endroit où nous sommes des centaines à dormir sous le couvert des arbres : des montagnes l'entourent, sur lesquelles, je l'apprendrai bientôt, se tiennent des veilleurs armés. En vérité, nous sommes au fond d'un trou où le soleil a bien du mal à pénétrer.

Bientôt, le monsieur réapparaît, accompagné de son adjoint.

« Va chercher les nouveaux », il lui dit.

Avec moi, nous sommes huit nouveaux. Probablement tous récupérés à la gare ferroviaire, la veille.

« Les nouveaux, venez avec moi », nous ordonne le chef.

Il nous emmène dans un coin où l'on a construit des bancs autour d'une table.

« Vous êtes les bienvenus ici, commence-t-il. Je sais que vous êtes tous là pour passer au Maroc, et peut-être pour certains en Espagne…

— Non, je l'interromps, moi je ne suis pas là pour ça. Je suis venu jusqu'à Maghnia pour chercher du travail. Je veux rester en Algérie.

— Il n'y a pas de travail, ici ! Qui t'a dit que tu pouvais rester en Algérie ? Tous ces jeunes que tu as vus hier soir, ils ont cherché du boulot et ils n'ont jamais rien trouvé. Qu'est-ce que tu crois ?

— C'est ce qu'on m'a dit.

— Eh bien, on t'a raconté des conneries. Tu vas donner un peu d'argent et on va t'amener au Maroc. C'est pour ça que vous êtes tous là, pour passer au Maroc. Là-bas, c'est la liberté, il y a du boulot pour tout le monde, vous pourrez faire ce que vous voulez. »

Je suis sonné et, pendant un moment, je reste là à me demander ce que je dois faire. Que va-t-il m'arriver si je tente de sortir de la forêt ? Il dit que nous sommes les bienvenus, mais lui et son adjoint nous surveillent comme si nous étions leurs prisonniers. Et à supposer que je puisse m'enfuir de ce trou, où est-ce que je vais aller, ensuite, s'il dit la vérité, s'il n'y a pas de travail à Maghnia ?

Quand, de nouveau, j'écoute ce qu'il raconte, il est en train de parler des sous qu'il faut donner. Il appelle ça « les droits de ghetto ». Tu paies quatre-vingt-dix euros pour sortir du ghetto et passer au Maroc. C'est valable quatre ans. Si les Marocains te reconduisent en Algérie, eux te referont passer au Maroc gratuitement pendant quatre ans. Si, après quatre ans, tu es toujours dans le ghetto, il faudra de nouveau payer quatre-vingt-dix euros pour en sortir.

« Maintenant, dit-il, vous allez donner l'argent. Ceux qui ont les quatre-vingt-dix euros sur eux, sortez-les et posez-les sur la table. Attention à celui qui ment, on va le fouiller et si on trouve l'argent on va le bastonner.

Et celui-là, il restera dans le ghetto tant que je le déciderai. Qui a l'argent ?

— Moi ! »

J'ai été le premier à parler. Je suis allé chercher l'argent qui était caché dans mes fesses et je l'ai déposé sur la table.

« C'est bien, a dit le chef, toi, tu es honnête. Maintenant, va t'asseoir là-bas. On va attendre que les autres payent et on vous emmènera au Maroc. »

Sur les huit, cinq autres ont donné les quatre-vingt-dix euros. C'était long, un peu comme une cérémonie, parce qu'il fallait que chacun aille chercher les sous là où il les avait cachés. Le chef et le sous-chef attendaient silencieusement, et quand le gars revenait et déposait l'argent, ils lui disaient comme à moi : « C'est bien, tu es honnête, va t'asseoir là-bas. »

Deux ont dit qu'ils n'avaient pas d'argent et je me demandais ce qui allait se passer. Le chef les regardait comme s'il ne comprenait pas, comme s'il attendait que l'argent leur sorte des poches, ou tombe du ciel.

Puis il a fait un signe à son adjoint, l'autre s'est levé, il a attrapé l'un des deux gars par le cou et l'a jeté par terre. Alors, il a commencé à le rouer de coups de bâton. Sur la tête, sur le visage, sur le dos, sur les mains, sur les jambes. C'était une scène effrayante, évidemment destinée à nous terroriser, je le comprends mieux aujourd'hui. Le mec se protégeait comme il pouvait, mais il ne se défendait pas, et bientôt son visage a été en sang. Aucun d'entre nous n'a protesté ni ne s'est levé pour venir à son secours. C'est dire que nous étions bien les otages de ces hommes, en dépit de leurs mots de bienvenue.

## 28.

*« Si tu déconnes, on t'attache ! »*

On a payé, un jour ils nous emmèneront au Maroc,
on ne sait pas quand, mais en attendant on habite ici,
dans le trou.

Combien de temps y suis-je resté ? Dans mon souvenir, deux ou trois semaines, mais peut-être beaucoup
plus. Le printemps est de nouveau là, tandis que le
printemps précédent je commençais à travailler avec
Daniel et Prince. C'est la seule chose que je me rappelle. Depuis que je n'ai plus ni famille ni école, les
mois et les saisons filent sans retenir mon attention.

Ici, dans le trou, les choses se sont mises en place peu
à peu dans ma tête. J'ai dû accepter l'idée que l'homme
de Ouargla est un petit trafiquant, doublé d'un menteur,
et qu'il m'a expédié à l'autre bout de l'Algérie, en me
faisant croire que j'y trouverais du travail, simplement
pour me prendre cinquante euros. J'ai dû accepter de
croire ce que m'a dit le chef des Ghanéens, à savoir
qu'il n'y a pas plus de travail à Maghnia qu'à Ouargla.
C'est peut-être faux, mais je suis tombé dans les griffes
de cet homme à peine descendu du train et, maintenant,
il me tient. Je suis son prisonnier, cela aussi j'ai dû

l'accepter. Personne ne prend le risque de s'enfuir du ghetto après avoir été le témoin d'une bastonnade, et d'ailleurs pourquoi s'enfuir puisque nous avons payé pour passer au Maroc ? Pour tomber entre les mains de la police algérienne et être jeté en prison ? Non, le plus sage est évidemment d'attendre que le chef des Ghanéens nous annonce notre prochain départ pour le Maroc. J'attends, j'accepte d'attendre et de vivre dans le trou.

Le matin, aussitôt réveillés sous la tente, on se lève et on va chercher l'eau au puits pour la cuisine. Après ça, on part dans la forêt casser les fagots et les porter au cuisinier. Le cuisinier est un homme qui est arrivé comme moi, ramassé à la gare par le chef des Ghanéens, mais il y a un peu plus d'un an. Comme il n'avait pas d'argent, il a été battu à plusieurs reprises dans l'espoir que sa famille envoie les quatre-vingt-dix euros. Mais la famille n'a rien envoyé. Alors il a signé un accord avec le chef, au terme duquel il doit faire la cuisine pour les Ghanéens pendant un an en échange de son passage au Maroc. L'année est largement écoulée et maintenant il attend, lui aussi, que le chef le libère.

Nous n'avons droit qu'à un repas par jour. De la semoule avec de la sauce tomate et un peu de viande dans la sauce. Des pattes d'agneau, parce que c'est ce qui coûte le moins cher. Cinq personnes par plat, tout le monde met sa main dedans. Tu coupes une fois, deux fois, trois fois, et c'est déjà fini, il n'y a plus rien dans l'assiette. Il y a très peu à manger, mais c'est mieux que rien, et bien mieux que la prison en Libye. Pour boire, nous avons l'eau du puits, qui sent mauvais, qui te donne la diarrhée, mais il n'y en a pas d'autre.

Si tu as trop faim et que tu as de l'argent, tu peux envoyer quelqu'un en ville t'acheter du pain. Il y a des Arabes qui sont là pour ça, auprès du sous-chef. Tu donnes l'argent à l'un d'entre eux et il te ramène le pain. Mais avant de le prendre, tu dois le présenter au sous-chef. Généralement, il t'en vole la moitié, mais s'il a faim et qu'il veut tout prendre, il prend tout. Gare à toi si tu n'es pas content.

Le sous-chef est le plus heureux des hommes, il dispose de qui il veut et il fait ce qu'il veut. Quand il a envie d'une femme, il en choisit une dans le ghetto et il la garde pour la nuit. Quelques jours après moi est arrivé un couple. Le chef et le sous-chef leur ont souhaité, comme à nous, la bienvenue, mais à la fin, après qu'ils ont versé les sous, le sous-chef a dit : « Par contre, votre femme a un nouveau mari ce soir. » Et il a emmené la femme avec lui sous les yeux de son mari.

Le monsieur a voulu protester et tout de suite le sous-chef l'a prévenu :

« Si tu déconnes, on t'attache ! »

Celui qui « déconne », ils le mettent tout nu et le ligotent. Ensuite ils l'arrosent et le bastonnent devant tout le monde. Avec l'eau, les coups font beaucoup plus mal et de cette façon chacun sait aussi ce qu'il risque s'il ne respecte pas ce qu'ils appellent « la loi du ghetto ».

Le mari a compris et il s'est tu. Mais, toute la nuit, il a tourné dans la tente sans pouvoir dormir.

Le chef, lui, ne joue plus à ce jeu-là, il a choisi une femme dans le ghetto, une Béninoise, avec laquelle il s'est marié, et ils habitent maintenant une maison en ville.

Dans le ghetto, il est interdit de parler avec les anciens, ceux qui ont déjà tenté de passer trois ou quatre fois au Maroc et ont été ramenés en Algérie. S'ils te surprennent en train de leur parler, tu es aussitôt attaché et battu. C'est comme si tu avais essayé de t'enfuir, la même punition, car les anciens connaissent la route pour passer au Maroc et ils pourraient t'expliquer comment la trouver. La route, ce n'est rien du tout, je le sais aujourd'hui, n'importe qui peut la trouver et passer tout seul, mais eux ont besoin de te faire croire que c'est difficile et périlleux pour pouvoir t'escroquer. Sinon, tout leur trafic s'effondrerait.

J'étais là depuis une dizaine de jours quand s'est produit un fait divers dont la presse marocaine parlait encore quand je suis arrivé au Maroc. « Règlement de comptes entre mafieux », titraient les journaux. Une nuit, le chef des passeurs vers l'Espagne, un certain Alladji, connu en ville pour son train de vie et ses luxueuses voitures, et qui était venu dans le ghetto pour régler une affaire, y a été assassiné.

La chose s'est très vite sue parmi toutes les communautés de la forêt, et les différents chefs ont accusé les Igbos, du Nigeria, d'être les meurtriers. Aussitôt, les chefs ghanéen et camerounais nous ont réunis pour nous annoncer que, le soir même, nous allions attaquer le campement des Igbos et en tuer le plus possible. Ils nous ont distribué les armes, des machettes à certains, des bois taillés en pointe à d'autres.

« Vous devez les tuer sans pitié, nous a répété le chef camerounais, car sinon ce sont eux qui viendront un jour vous tuer comme ils ont tué Alladji. Les Nigérians ne sont que des voleurs et des criminels.

— Femmes, enfants, quels qu'ils soient, tuez-les sans pitié », a renchéri le chef des Ghanéens.

Je me rappelle, je les écoutais avec stupeur, et je pensais en moi-même : « Mais comment ces gens ont-ils pu en arriver là ? Dans quel monde vivent-ils ? » Car, en dépit de tout ce que j'avais traversé depuis la mort de mes parents, j'avais conservé le souvenir de ce qu'était la vie chez les gens normaux.

À l'heure dite, au milieu de la nuit, ils nous ont tous rassemblés de nouveau. Le sous-chef camerounais a pris la parole :

« Chacun a son arme ? Levez-la bien haut que je la voie. Très bien, on y va, je marche devant, suivez-moi. Et n'oubliez pas : on part pour tuer, on ne part pas pour s'amuser. »

Moi, je ne voulais pas tuer, je tremblais de peur et de fatigue mais, si j'avais refusé de les suivre, ils m'auraient battu.

Par chance, les Igbos avaient été prévenus et ils s'étaient enfuis. Le camp était vide. Alors le sous-chef camerounais nous a ordonné de tout détruire.


Un matin, comme nous rentrions de casser des fagots pour la cuisine, le chef ghanéen nous a réunis.

« Aujourd'hui, on va vous faire passer au Maroc. Préparez vos sacs, on vous emmène. »

## 29.

### *Oujda*

Le passage de la frontière se fait à pied depuis le ghetto, à travers la forêt.

On suivait silencieusement le passeur quand il a ordonné, à voix basse : « Tout le monde accroupi ! » On s'est tous recroquevillés sur nous-mêmes et il nous a désigné du doigt le poste de la police marocaine, assez loin, entre les arbres. Une demi-heure plus tard, alors que nous marchions en lisière d'un champ, nous avons aperçu les premières maisons d'Oujda.

« Ça y est, les gars, bienvenue au Maroc ! » On a traversé une partie de la ville sans être inquiétés, et on est arrivés devant une ancienne école, en plein centre.

« Voilà, ici vous êtes chez vous », a encore dit le passeur.

Comment ça, chez nous ? J'étais étonné que les trafiquants puissent mettre à notre disposition une ancienne école devant laquelle les gens de la ville passaient tranquillement, comme si tout était normal, comme si nous étions comme eux.

Nous sommes entrés et là nous avons découvert que, derrière le bâtiment de l'école, dans ce qui avait dû être les cours de récréation, avait été dressé un véritable camp de migrants. Des tentes, des couvertures, partout des hommes qui allaient et venaient, et même des femmes avec des enfants.

Aujourd'hui, avec le recul, je suis surpris de l'aveuglement des autorités algériennes et marocaines. Comment les premières peuvent-elles ignorer l'existence du ghetto où survivent des centaines d'hommes et de femmes dans des conditions inhumaines et sous le joug de voleurs ? Comment les secondes peuvent-elles ignorer l'existence du camp d'Oujda où chacun doit se débrouiller pour survivre sans le moindre secours, y compris les enfants ? Dans ces deux endroits ignorés des autorités locales, comme du reste du monde, la seule loi en vigueur est celle des trafiquants.

Cependant, comparé au ghetto, le camp d'Oujda m'est apparu comme une sorte de colonie de vacances. Ici, chacun était libre de faire ce qu'il voulait, aucun chef ne venait te donner des consignes ou te menacer, et chacun pouvait manger autant qu'il le voulait, du moment qu'il avait de l'argent. Moi, il me restait encore six ou sept cents euros de mes chantiers à Tripoli, et donc je n'étais pas inquiet.

On croise des hommes qui habitent cet endroit depuis six ou sept ans, et parmi eux beaucoup d'infirmes : certains ont perdu un bras, une main, un pied, d'autres n'ont rien perdu mais traînent une jambe de travers. Ce sont tous des rescapés de Melilla et Ceuta. Ils ont tenté d'entrer en Europe en escaladant les murs de grillage et de barbelés qui protègent ces deux enclaves espagnoles en territoire marocain, mais ils sont tombés et se sont fracturés un membre. Ceux-là ont renoncé à partir, ils n'en ont plus la force, et ils tentent donc de vivre sur place.

Oujda est une ville agréable et, moi aussi, les premiers jours, j'ai pensé que mon voyage allait peut-être s'arrêter là. Je n'étais plus inquiet de savoir où j'allais dormir, j'avais un toit sur la tête, et j'ai commencé à marcher à travers les rues pour chercher un travail. Ici et là, j'ai demandé, mais personne ne m'a proposé quoi que ce soit. Les Arabes te regardent venir, ils t'écoutent, puis ils haussent les épaules et t'abandonnent à ton sort. Ils n'ont pas envie d'avoir affaire à un Noir, ou ils ont peur de la police, je ne sais pas.

À l'intérieur du camp, en revanche, les migrants m'ont tous donné le même conseil : « Le seul boulot que tu peux faire, ici, c'est de vendre du cannabis. Tout le monde fait ça, et si tu te débrouilles bien, tu n'es pas malheureux. Sinon, tu peux demander de l'argent au bord de la route. Ça se fait beaucoup, ici, les Marocains te donnent. »

Vendre du cannabis, moi, je ne peux pas. J'ai encore en mémoire ce que me disait mon père : « Dès que tu fumes le cannabis, tu deviens fou dans ta tête. Le cannabis, comme la cigarette et l'alcool, ça détruit l'homme. Ne touche jamais à ces choses-là, Kouamé. Si tu commences, tu ne peux plus contrôler et tu es perdu. » Après quelques semaines à Oujda, j'en étais là. Je n'allais sûrement pas vendre du cannabis comme la plupart le faisaient, et je n'allais pas réduire ma vie à mendier au bord des routes. Je réfléchissais au seul conseil qui m'avait été donné par un Arabe, un vieil homme sympathique – « Deviens cordonnier, c'est un bon métier, et tu auras toujours du travail » –, quand, en rentrant le soir au camp, j'aperçois dans la cour un petit attroupement. Plusieurs migrants entourent un homme en costume de ville qui semble raconter quelque chose d'important.

Je m'approche et j'écoute. Tiens, le gars parle avec l'autorité et la fausse bienveillance des chefs du ghetto. Je reconnais ses façons et je me dis que ce doit être un trafiquant. Qu'est-ce qu'il vient donc nous proposer celui-ci ?

Ah, de nous faire passer en Espagne.

« Tous ceux qui arrivent en Espagne trouvent du boulot et sont heureux. Et puis là-bas, il y a les droits de l'homme, même si vous êtes noirs, on vous respecte et on vous donne une place. Les Européens ne sont pas du tout comme les Arabes, ils aiment bien les Noirs, il y a plein de Noirs, là-bas, en Europe », etc.

Au début, je souris en écoutant son baratin. Je me dis qu'à les entendre tous, ces voleurs, mon voyage ne finira jamais. Au Ghana, on m'a dit qu'en Libye je serais comme un roi. Mais arrivé en Libye j'ai vu que la vie d'un Noir compte moins que celle d'un chien et, en fait d'être un roi, on m'a traité de singe et jeté des pierres. Je me suis enfui en Algérie, plein d'espoir, mais arrivé en Algérie on m'a dit que c'était au Maroc que je trouverais du travail. J'ai payé pour passer au Maroc, mais à peine entré on vient me dire que c'est en Espagne qu'il faut aller. Qu'est-ce qu'on me dira une fois arrivé en Espagne ? Est-ce que je suis condamné à faire le tour du monde sans jamais trouver un endroit où me poser ?

Oui, je souris tout seul en écoutant le baratin de cet homme. D'autant plus que j'ai en tête ce que me disait mon père quand on voyait à la télévision que des migrants étaient repêchés par des cargos en essayant de rejoindre les côtes de l'Europe : « Qu'est-ce qu'ils vont chercher en Europe, ceux-là ? Des idiots ! Ils risquent leurs vies sur des bateaux gonflables pour se retrouver à mendier. Là-bas, en Europe, c'est la crise, il n'y a pas de boulot. Ne quitte jamais ton pays, Kouamé, tu m'entends ? Ici, tu es respecté et tu as ta place parce que tu es chez toi, là-bas tu ne seras jamais qu'un mendiant. » Sauf que par ta faute, papa, je n'ai plus de pays, et donc plus de place. C'est à cela que je pense, subitement, tandis que le type continue à parler. Ma mère avait raison, papa n'aurait jamais dû faire de politique. Papa s'est trompé. Et s'il s'est trompé une fois, il a pu se tromper plusieurs fois. Peut-être aussi se trompait-il sur l'Europe. Est-ce qu'il ne faut pas que je continue d'aller de l'avant plutôt que de rester dans un pays qui n'a pas besoin de moi ?

Les « droits de l'homme », je ne sais pas ce que c'est. Sûrement encore une invention des trafiquants pour te prendre plus d'argent. Ça me fait sourire intérieurement. Mais, tout de même, je continue d'écouter le type. À la fin, il dit qu'il y aura bientôt un convoi pour passer en Espagne et qu'il est là pour relever les noms de ceux qui veulent partir.

J'attends qu'il soit seul, que tous les autres se soient dispersés, pour m'approcher de lui.

« Je vous ai écouté. Si je veux aller en Espagne, c'est combien d'argent ?

— Mille deux cents euros.

— Alors tant pis, je reste ici.

— Tu as combien ?

— Seulement la moitié, six cents. »

Il réfléchit une minute.

« Tu me les donnes et je t'amène en Espagne. »

Encore aujourd'hui, je ne sais pas pourquoi j'ai accepté. Si ce n'est pour continuer d'aller de l'avant, d'ajouter des kilomètres entre moi et les deux hommes cagoulés qui ont tué ma famille. Je me suis entendu dire : « Bon, d'accord », sans réfléchir plus longtemps, et à partir de ce moment-là l'Espagne est devenue un rêve, comme l'avaient été la Libye, l'Algérie et le Maroc. Pourquoi pas l'Espagne, en effet ?

Je lui ai donné mes six cents euros. Il était accompagné d'un comptable qui a noté mon nom dans un cahier et mentionné en face que j'avais bien payé six cents euros.

D'autres avaient été chercher leurs sous et, maintenant, ils attendaient pour payer. J'ai vu que certains lui versaient deux mille cinq cents euros pour aller sur « un vrai bateau », c'est ce qu'ils disaient, « un vrai bateau », tandis que d'autres payaient seulement mille deux cents, le prix qu'il m'avait demandé, et j'en ai déduit que ceux-là seraient avec moi sur un bateau différent, sans doute un de ces Zodiac qu'on avait vus à la télévision avec mon père.

# 30.

## *Sur la plage*

Un soir, l'homme est revenu avec son comptable et un taxi. Ils ont dit que c'était pour cette nuit, le passage en Espagne, et ils ont commencé à appeler ceux dont les noms étaient inscrits dans le cahier. Aussitôt, la chose s'est sue dans le campement, et on s'est retrouvés à près de soixante-dix, avec nos sacs, autour des deux gars.

Ils nous ont expliqué qu'on allait voyager dans le taxi pour atteindre la mer, à raison de dix ou onze par voyage. Le taxi était fait pour quatre ou cinq personnes, mais ils ont réussi à nous mettre à onze dedans. Ils ouvrent la porte arrière, là où on case les bagages d'habitude, ils mettent un homme, un deuxième, un troisième, et ils poussent avec le pied avant de refermer. Ils recommencent sur la banquette arrière, les uns couchés sur les autres. « Tant que tu peux respirer, ça va », ils te disent, tout en poussant pour arriver à en rentrer un dernier avant de refermer la porte.

On a roulé peut-être une heure comme ça, dans la nuit, écrasés les uns sur les autres, sans rencontrer aucun barrage de police. Des voitures nous croisaient, d'autres nous dépassaient, mais il était sans doute impossible de voir comme nous étions entassés.

Ils nous ont déposés en lisière d'une forêt où nous avons attendu une grande partie de la nuit d'être au complet, les soixante ou soixante-dix. Alors, seulement, nous avons traversé la forêt à pied, jusqu'au moment où nous avons entendu le grondement sourd de la mer. Quelques minutes plus tard, nous y étions. Une colonie d'hommes, mais aussi quelques femmes et deux ou trois enfants, silencieusement rassemblés sur une plage que balayait un vent tiède. Les vagues venaient se briser à nos pieds dans des bouillonnements qui lissaient le sable en se retirant, il n'y avait presque plus de lune et, cependant, on aurait dit que sa faible lueur suffisait à illuminer l'écume. Elle se détachait et bondissait en gouttelettes fluorescentes plus blanches que le riz. Je me rappelle cette arrivée sur la plage, du fracas de la mer qui m'était familier, du croissant de lune et des gouttelettes d'écume comme du seul beau moment de ce voyage qui n'en finissait pas.

Et, d'ailleurs, nous n'allions pas partir tout de suite, contrairement à ce qui nous avait été annoncé.

« En attendant le bon moment pour passer de l'autre côté, nous a expliqué le gars à qui nous avions donné l'argent, vous allez vous cacher dans la forêt. Vous trouverez des tentes et des couvertures sous les arbres. Mais faites bien attention, la police connaît le coin et elle vient souvent, à n'importe quelle heure du jour ou de la nuit. Si elle vous arrête, elle vous ramènera en Algérie, et alors vous repasserez par le ghetto, d'où on vous reconduira à Oujda... »

Voilà donc comment certains en étaient à revenir pour la quatrième ou la cinquième fois dans le ghetto. Les « anciens », qui savaient parfaitement comment traverser la frontière entre l'Algérie et le Maroc, et à qui il était interdit de parler sous peine d'être bastonnés jusqu'au sang.

Les jours, puis les semaines, ont commencé à s'égrener péniblement dans la forêt. Il faisait de plus en plus froid et nous n'avions presque rien pour nous couvrir. C'était encore l'été quand nous y sommes arrivés, et nous n'avons pris la mer qu'à la mi-octobre.

Nous avions formé un groupe de six, des gars plus vieux que moi, mais tous ghanéens. Si un danger survenait, on savait que l'on pouvait compter les uns sur les autres. Dans ces moments-là, il ne faut pas rester seul, sinon tu ne peux jamais te reposer. On avait notre tente où l'on dormait ensemble, pas bien loin de la mer. On a commencé à se cotiser pour acheter un sac de farine, un sac de riz, de l'huile, du concentré de tomate, du sel. Il me restait une trentaine d'euros de ce que j'avais gagné en Libye, largement de quoi tenir. On allumait le feu et on faisait la cuisine pour nous six. Là-bas, tu n'as même pas besoin d'aller au village, de l'autre côté de la forêt, pour faire tes courses. Des marchands se sont installés sur la plage quand ils ont vu qu'il y avait tout le temps des dizaines de migrants dans les parages, et c'est à eux que nous achetions. En échange, dès qu'ils entendaient que la police arrivait, ils nous prévenaient.

Tout le monde dort avec ses chaussures lacées aux pieds, parce que s'ils viennent tu n'as pas le temps d'emporter quoi que ce soit. Tu sors de la tente comme une brebis affolée et tu cours, tu cours, le plus vite que tu peux à travers la forêt, en essayant de ne pas te fracasser la tête contre un arbre. Personne n'a envie d'être attrapé et battu par les policiers marocains, puis de se retrouver dans le ghetto après quelques semaines de prison. Pendant que tu te sauves, les policiers emportent tout ce que tu as laissé, ils arrachent les tentes, ils prennent les couvertures et les vêtements et ils brûlent tout ça sur la plage.

Mais, deux jours plus tard, tout le campement est reconstruit. Nous avons de nouvelles tentes qui nous sont apportées par des femmes et des hommes d'une association catholique. Et, pour les couvertures, nous apprenons à les enterrer si les policiers nous en laissent le temps. Chacun a creusé son trou, avec le tas de terre à côté. S'ils arrivent, vite vite on enfouit dedans la couverture et on la recouvre de terre. Au retour, on n'a plus ni tente ni rien pour cuisiner, mais il nous reste au moins la couverture pour dormir au chaud.

## 31.

### *Par une nuit sans lune*

Enfin, un après-midi d'octobre, l'homme qui avait pris notre argent au campement d'Oujda nous rassemble dans la forêt : dans trois ou quatre jours le bateau sera là pour nous amener en Espagne, cette fois il est temps de se préparer pour la traversée.

Il nous donne ses consignes : désormais, nous ne devons plus rien manger d'autre qu'un demi-pain par jour. Il s'agit de perdre le plus de poids possible car, sinon, il n'y aura pas de place pour tout le monde dans le bateau. Donc, rien d'autre que du pain, et pas plus d'un demi par jour. Ça, c'est la première chose. La seconde à savoir, c'est que le pain constipe, et c'est notre intérêt à tous que les choses se passent bien de ce côté-là parce qu'il n'y aura pas de toilettes sur le bateau.

« Est-ce que tout le monde a bien compris ce que je viens de dire ? »

Je me rappelle mon étonnement en l'entendant parler du bateau, comme s'il n'y en avait qu'un, alors que je reconnaissais parmi nous ceux qui avaient payé deux mille cinq cents euros pour monter sur un « vrai bateau », tandis que moi, par exemple, je n'avais payé que six cents.

Pourtant, personne n'a posé de questions, comme si ce n'était pas le moment de contrarier le chef et, après un instant, nous l'avons entendu répéter : « Parfait, parfait », et il est reparti par où il était arrivé, en direction du village, à l'autre extrémité de la forêt.

Quatre jours plus tard, en effet, le revoilà. Il revient alors que certains commençaient à douter de le revoir et que d'autres s'étaient déjà endormis avec la tombée du soir et la fatigue provoquée par la faim.

« Est-ce que tout le monde est là ? » dit-il, balayant nos visages avec une lampe électrique.

Son comptable l'a rejoint. Ils pourraient faire l'appel car je vois qu'ils ont le cahier dans lequel ils ont noté nos noms, mais ils ne le font pas.

« Le bateau précédent, commence le chef, a fait naufrage. Il y a eu quatorze morts. Les autres ont été sauvés par un cargo et sont bien arrivés en Espagne. J'espère que vous aurez plus de chance. »

Je reconnais ce souci qu'ont les passeurs de ne jamais mentir sur les risques que nous encourons. Ils te prennent ton argent, ils te volent autant qu'ils le peuvent, mais ils ne te font pas croire que tu arriveras vivant de l'autre côté. La femme d'Agadès avait eu la même franchise quand elle nous préparait à la traversée du désert.

Il y a des protestations dans le groupe après l'avoir écouté. Certains disent qu'ils ne veulent plus partir, si c'est pour mourir noyé, et le chef ne réplique rien. Il n'essaye pas de les convaincre, il s'en fout. Il regarde l'agitation et semble se dire : « Qu'ils retournent dans leurs tentes et nous laissent continuer. » Moi, l'idée que je vais peut-être mourir me traverse, mais je pense aussitôt que je suis d'accord pour prendre le risque si c'est pour arriver en Espagne. En même temps, je me souviens que je sais un peu nager et qu'on va me donner un gilet de sauvetage (j'ai payé un supplément pour le gilet), preuve qu'au fond de moi je ne peux pas croire que je vais vraiment mourir.

« Bien, reprend le chef quand le calme est revenu, maintenant nous allons vous emmener jusqu'au lieu de l'embarquement. Laissez vos sacs sur place, vous n'embarquerez qu'avec les vêtements que vous portez sur vous, et pieds nus. Pas de chaussures dans le bateau, c'est dangereux. »

Un moment plus tard, nous sommes une soixantaine à marcher silencieusement derrière le chef et son comptable. Au début, dans l'obscurité totale de la forêt, puis bientôt sur la plage, dans le fracas mouillé des vagues. C'est une nuit sans lune et on ne distingue aucune lumière sur la toile sombre de la mer qui se confond, au loin, avec le ciel. Nous allons donc quitter l'Afrique aussi nus qu'à notre naissance, sans rien emporter, même pas un peu de terre de chez nous, et pour ma part il ne me reste que quelques dirhams dans la poche de mon pantalon. Comment est-ce que je m'achèterai à manger une fois arrivé en Espagne ? Et comment je ferai pour marcher, pieds nus, dans ce nouveau pays ? Voilà déjà ce qui me préoccupe.

Bientôt, nous distinguons des ombres sur la plage, une douzaine d'hommes, et les boudins d'un Zodiac autour duquel s'affairent trois ou quatre gars à demi nus, dans l'eau jusqu'à la taille malgré le froid.

En nous approchant, je vois que ce sont tous des Arabes et que plusieurs d'entre eux sont armés. Il y a un bref échange entre le chef et eux puis, tandis qu'un

Arabe s'approche de nous, le chef et son comptable se retirent.

L'Arabe nous dit très vite quelques mots dont la violence me fait cogner le cœur :

« On va vous faire embarquer sur le Zodiac. Vous allez obéir aux ordres, je ne veux pas de bousculade. Celui qui commence à déconner, on le balance à la flotte et on le tue. Tout le monde a bien entendu ? OK, alors d'abord les femmes et les enfants. »

Je me rappelle avoir compté huit femmes. Puis deux jeunes garçons et un bébé attaché sur le dos de sa mère. Ensuite, ils nous ont chargés un par un. La plupart au fond du Zodiac, avec les femmes et les enfants, recroquevillés dans la position de l'œuf, comme dans le pick-up pour la traversée du désert. Enfin, les derniers, assis sur les boudins.

J'ai compté – et recompté un peu plus tard –, nous étions cinquante-quatre à bord d'un Zodiac conçu pour une quinzaine de personnes. Parmi nous, j'ai reconnu ceux qui avaient payé deux mille cinq cents euros pour monter sur un « vrai bateau ». Maintenant, nous étions tous dans le même petit bateau et je me suis demandé ce qu'ils pouvaient penser.

« Qui sait conduire ? a demandé l'Arabe qui avait menacé de tuer celui qui commencerait à déconner.

— Moi ! » a dit un Sénégalais en levant le bras.

Il lui a fait signe de venir s'asseoir à côté du moteur et il a fait dégager d'un coup dans le dos celui qui s'y trouvait.

Une fois le Sénégalais installé à la barre, il lui a donné une boussole et, pendant peut-être une minute, il lui a expliqué quelque chose, penché sur son épaule, en lui agitant la boussole sous le nez dans la nuit.

Le Sénégalais acquiesçait.

« Tu pars comme ça, tout droit, a crié l'Arabe en se relevant et en montrant du bras la bonne direction. Et dans deux heures tu verras l'Espagne. Allez, partez maintenant ! »

## 32.

## *« Seigneur, accueille-nous dans ton royaume »*

Puisqu'il était 5 heures du matin, ce 13 octobre 2014, quand nous avions perdu de vue la plage et les Arabes, nous aurions dû apercevoir la côte espagnole entre 7 et 8 heures, tandis que les premiers rayons du soleil jaillissaient de la mer, sur notre droite. Il avait bien dit deux heures, hein ? Oui, deux heures, deux heures, tout le monde s'en souvenait parfaitement, mais de l'avis général il avait dû exagérer, et à 9 heures, alors que le bateau poursuivait sa route tout droit, et à pleine vitesse, personne ne s'inquiétait encore de ne rien voir.

Nous étions confiants, l'Espagne allait bientôt nous apparaître, et avec l'arrivée du soleil l'ambiance s'était détendue à bord. Maintenant les rayons nous chauffaient agréablement les épaules et, comme les femmes s'étaient mises à chanter pour encourager les enfants à patienter, beaucoup d'hommes les avaient imitées. Nous commencions tous à souffrir de courbatures dans les jambes à force d'être serrés les uns contre les autres et de ne pas pouvoir bouger du tout, mais ce n'était pas grand-chose comparé à ce que nous avions enduré pour arriver jusqu'ici. Et, maintenant, qu'est-ce qui pouvait nous arriver sur cette mer tranquille et sous ce soleil radieux ? Rien du tout. Le Sénégalais, qu'on s'était mis à appeler « capitaine », tenait fermement la barre, un œil sur la petite boussole dans le creux de sa main gauche, l'autre sur l'horizon. Nous observions avec satisfaction, à ses pieds, le bidon de vingt litres d'essence, songeant que les Arabes étaient certes brutaux mais qu'ils avaient bien tout prévu pour le voyage et que, d'ici une heure, c'était certain, nous débarquerions sur une de ces plages d'Europe que la plupart d'entre nous avaient vues à la télévision.

Je me rappelle la joie qui avait enflammé nos cœurs, vers midi, quand des goélands s'étaient mis à tournoyer et à crier au-dessus de nos têtes, comme si la terre était toute proche et qu'ils voulaient être les premiers à nous souhaiter la bienvenue.

« Tu vois quelque chose, mon capitaine ? » avait demandé une voix d'homme, couvrant le bruit du moteur et les appels stridents des oiseaux.

Alors le Sénégalais s'était dressé de toute sa hauteur, sans lâcher la barre, mais cela avait suffi pour faire faire au bateau une drôle d'embardée qui avait fait taire d'un seul coup ceux qui riaient et chantaient. Certains avaient laissé échapper des exclamations de peur, ou de surprise. On aurait dit qu'une main puissante nous avait jetés sur le bas-côté, comme si nous ne comptions pour rien sur la mer. Dans mon souvenir, c'est à ce moment-là seulement que nous avons pris conscience que le vent s'était levé, que la mer avait forci. Jusqu'à l'arrivée des goélands, nous avions dû somnoler, chauffés par le soleil, bercés par la chevauchée du Zodiac, et subitement, en même temps que les oiseaux nous tiraient de notre torpeur, nous découvrions que le paysage n'était plus le même autour de nous. Non, le capitaine n'avait pas vu la terre et, après cette embardée, son visage s'était fermé. Ne me demandez plus rien, semblait-il dire, tendu et en colère, vous ne voyez donc pas que le cap est difficile à tenir au milieu de ces vagues qui surgissent de partout et sur lesquelles le Zodiac se cabre comme un cheval avant de retomber lourdement ?

Durant les premières heures, il avait glissé comme sur un lac, mais à présent il bataillait et notre capitaine aussi bataillait pour le faire marcher droit. D'ailleurs, ceux qui étaient assis sur les boudins ne riaient plus du tout, ils devaient se tenir pour ne pas tomber à la mer. Quant à nous qui étions au fond, nous ressentions douloureusement, jusque dans nos os, les violents coups de boutoir des vagues contre le plancher.

Mais la côte allait apparaître, c'était impossible autrement, puisque nous naviguions depuis plus de huit heures. La plupart étaient de cet avis, d'autres se taisaient, et tous les visages étaient maintenant tendus dans la même direction que celui du capitaine. Il n'avait pas pu se tromper puisqu'il avait déjà conduit des bateaux en suivant l'aiguille d'une boussole. Il l'avait dit à l'homme qui était assis à ses pieds alors que le jour n'était pas encore levé et l'information avait fait le tour du bateau. Il n'avait pas pu se tromper, alors la côte allait forcément apparaître puisque ça faisait plus de huit heures que nous étions partis, puisque l'Arabe avait dit dans deux heures, puisque les goélands criaient au-dessus de nos têtes, puisque le capitaine avait déjà conduit des bateaux en suivant l'aiguille d'une boussole…

Mais, en dépit de ces choses qu'on se répétait et auxquelles on voulait croire pour ne pas perdre espoir, la côte n'apparaissait pas. Parfois, on croyait la voir parce que le vent soulevait sur l'horizon une bruine blanchâtre qui pouvait prendre la forme d'un village, mais un instant plus tard toutes les maisons avaient disparu et nos yeux ne s'accrochaient plus à rien. Le Zodiac continuait à batailler, mais nous étions tous conscients, je crois, qu'il n'était déjà plus de taille à lutter au milieu de tant de vagues, qu'il fallait que la terre apparaisse très vite, maintenant. Étions-nous en train de vivre ce que la télévision avait tant de fois raconté ? L'idée m'avait traversé, mais non, c'était impossible, si Dieu existait, et Il existait, Il ne pouvait pas abandonner cinquante-quatre personnes qui ne lui avaient fait aucun mal. S'Il nous voyait de là-haut, et Il nous voyait, il allait faire que le vent nous porte, que les vagues nous épargnent, et que la terre surgisse. Pourquoi nous punirait-Il ? À moi, Il m'avait déjà pris mes parents, Il m'avait séparé de ma grande sœur, est-ce que ce n'était pas suffisant ? Si à mon tour je mourais, alors pourquoi nous avait-Il créés tous les quatre ?

J'étais en train de prier à ma façon quand un homme avait hurlé que l'eau entrait dans le bateau. Le plancher s'était cassé à l'arrière, criait-il en direction du capitaine, et la toile qui était dessous s'était déchirée. Aussitôt tout le monde avait commencé à bouger, à s'exclamer, à se pousser, parce que l'eau était là, en effet, sous nos fesses.

« L'eau ! L'eau ! »

Certains avaient essayé de se relever, mais avec les vagues ils étaient retombés les uns sur les autres.

« Chassez l'eau ! Chassez l'eau ! » avait ordonné le capitaine tout en ralentissant le moteur.

Alors un homme avait retiré sa chemise pour éponger sous lui et aussitôt les autres l'avaient imité. Sans la force du moteur, que nous n'entendions presque plus tellement le vent soufflait, le Zodiac s'était affaissé et les vagues nous ballottaient dans tous les sens, mais malgré tout on arrivait à attraper un peu d'eau dans nos chemises qu'on pressait ensuite tant bien que mal comme des serpillières au-dessus des boudins. Voyant l'ardeur qui s'était emparée des hommes, les femmes et les enfants avaient rampé petit à petit jusqu'au milieu du bateau pour nous laisser travailler.

Il pouvait être 14 ou 15 heures, je ne sais pas, nous n'avancions plus, nous n'étions plus occupés qu'à lutter contre la montée de l'eau, quand des femmes s'étaient mises à pleurer, entourant les enfants. À présent, tout le monde avait dû se mettre debout dans le Zodiac, car l'eau nous arrivait aux genoux. Voyant que des femmes pleuraient, je me souviens d'avoir pensé que nous allions mourir, que nous allions tous mourir, et moi aussi, bien sûr. Cette fois, ce n'était plus une image lointaine – Dieu nous avait tourné le dos, j'en étais certain, Il avait bien réfléchi et décidé finalement de nous abandonner. Alors j'avais essayé de me figurer comment cela allait être de mourir, ce que je ressentirais quand l'eau me recouvrirait et qu'il faudrait la laisser entrer dans mes narines. J'aurais voulu avoir tout le temps de penser tranquillement à ces minutes où j'allais quitter ce monde pour entrer dans l'autre, où je reverrais mon père et ma mère, où ils m'ouvriraient leurs bras tandis que mon corps serait encore dans l'eau, flottant comme un linceul, mais dans la panique qui avait gagné de plus en plus de gens autour de moi, ce n'était pas facile de me figurer calmement ces choses.

La plupart des hommes avaient arrêté d'éponger et beaucoup d'entre eux pleuraient, maintenant, comme les femmes. Eux aussi savaient qu'ils allaient mourir et ils semblaient complètement absorbés par la peur de ce moment. Mais moi, non, moi je ne pleurais pas, la certitude de revoir mes parents me faisait attendre la mort avec une sorte d'impatience, et peut-être même que je souriais silencieusement. Enfin, la vie allait se finir, et avec elle toutes les souffrances – on disait que de l'autre côté tout n'était que bonté et lumière, alors, oui, je voulais bien mourir. Cependant, d'autres continuaient à espérer, je le voyais puisqu'ils s'étaient mis à aider les femmes. L'une d'entre elles, qui était très grosse, s'était soudain affaissée dans le bateau, entre nos jambes. L'eau l'avait recouverte, et aussitôt un homme était venu à son secours. Il l'avait relevée, lui avait dit de passer son bras autour de son cou. Une autre avait sorti de l'eau son petit garçon de huit ans qui sanglotait, baigné jusqu'à la poitrine, et elle l'avait pris dans ses bras. On se demandait, à la voir, combien de temps elle allait pouvoir tenir comme ça, en équilibre au milieu de cette foule d'hommes dressés au-dessus des flots et fouettés par les embruns. Combien de temps elle allait pouvoir tenir avec son enfant dans les bras. Puis l'eau a noyé le moteur, et quand il s'est arrêté on a été surpris d'entendre soudain le silence. C'était un faux silence puisque le vent sifflait, puisque les vagues s'écrasaient sur le Zodiac et semblaient renifler en se retirant, mais que le moteur se soit tu nous a laissés comme un peu plus seuls, comme un peu plus abandonnés. Maintenant on pouvait entendre les sanglots, les supplications, les prières, tout ce que les hommes expriment lorsqu'ils savent qu'ils vont mourir.

La femme qui était tombée une première fois au fond du bateau est retombée. L'homme a tenté encore une fois de la relever, puis il a renoncé. Elle a dû se noyer un peu plus tard, entre nos jambes, car en me retournant j'ai vu trois gars l'empoigner sous les aisselles et par les pieds et la balancer à la mer. Tu regardes un instant son corps rouler dans les vagues, tu ne peux pas croire ce que tu vois, l'horreur de ce que tu vois, puis elle s'enfonce et c'est fini. Tu y penses, puis tu n'y penses plus, parce que bientôt ce sera ton tour. Après ça, la femme qui portait le petit est tombée, elle aussi. On l'a aidée à se remettre debout, mais entre-temps l'enfant, qui vomissait un instant plus tôt, a disparu sous l'eau. Il était mort quand on l'a repêché au fond du Zodiac. Alors sa mère a été prise de folie, elle sanglotait, elle le secouait puis l'embrassait, elle le secouait de nouveau, elle n'arrivait pas à croire qu'il était mort. Puis les hommes, autour d'elle, ont commencé à dire qu'on ne pouvait pas garder un mort dans le bateau alors qu'il s'enfonçait sous notre poids. Quand ils ont essayé de lui arracher l'enfant, elle a tenté de se défendre, les a griffés, frappés, mais ils étaient plus forts qu'elle et ils ont jeté le petit à l'eau sous ses yeux. Le Zodiac était rempli d'eau, nous étions encore cinquante-deux vivants, dans le vent, au milieu des vagues. C'est alors qu'une des femmes, qui était religieuse, a annoncé qu'elle allait nous baptiser. Je ne sais pas ce qu'ont pensé les autres, mais moi aussitôt je me suis rappelé sœur Claudine et j'ai songé que c'était elle qui me parlait par la bouche de cette femme.

« Seigneur, pardonne-nous nos péchés et accueille-nous dans ton royaume », a-t-elle lancé d'une voix forte tout en traçant un large signe de croix au-dessus de nos têtes.

Le soir tombait et nous allions mourir. Le soleil, qui nous avait si bien réchauffés huit heures plus tôt, n'était plus maintenant qu'un disque lointain et comme suspendu au ras des flots, voilé d'une brume grisâtre. Nous attendions la mort en grelottant. Beaucoup pleuraient, et tout en pleurant beaucoup priaient aussi.

Aujourd'hui, je me demande encore si Dieu n'a pas changé d'avis en entendant la religieuse l'implorer en notre nom, car c'est très peu de temps après sa bénédiction que sont apparus plusieurs dauphins.

« Les dauphins ! Les dauphins ! » ont crié les hommes comme s'ils venaient pour nous sauver.

Et, à ma grande surprise, c'est ce qu'ils ont entrepris de faire, en effet, se glissant sous les boudins, de part et d'autre du Zodiac, comme pour nous porter sur leur dos. S'ils n'étaient pas envoyés par le Seigneur, se peut-il que les dauphins aient conscience de la détresse des hommes ? Ils étaient venus nombreux et ils n'étaient pas là pour jouer puisqu'ils nous ont accompagnés, portés, jusqu'à ce qu'on entende au loin un sourd vrombissement.

Aussitôt, ceux qui priaient se sont tus. Qu'est-ce que ça pouvait être ?

Aucun bateau n'était en vue.

Le premier grondement d'un orage ?

Nous avons tous tendu l'oreille.

« Hélico ! Hélico ! » a soudain hurlé un Ghanéen.

J'ai levé les yeux au ciel et je l'ai vu.

Comme un gros bourdon noir dans le premier crépuscule. Lui aussi nous avait vus, il venait vers nous.

Alors, pour la première fois, je me suis mis à pleurer. Je crois que tout le monde s'est mis à pleurer, en agitant les bras, en remerciant le Ciel.

Il est descendu de quelques mètres et le pilote nous a fait un petit signe de la main comme pour nous signifier que nous n'avions plus rien à craindre, qu'il allait faire quelque chose pour nous, puis il est remonté et il s'est maintenu en vol stationnaire au-dessus de nos têtes.

Une heure plus tard, peut-être, est arrivé le bateau de la Croix-Rouge. Quand il nous a pris dans son faisceau lumineux, nous avons entendu une voix d'homme nous demander de rester calmes.

« Nous allons venir à votre secours. Soyez patients, restez calmes. Nous n'abandonnerons personne. Tout le monde sera sauvé. »

Il le disait en anglais, puis en français, et il recommençait.

« Soyez patients… Nous n'abandonnerons personne… Tout le monde sera sauvé… »

## 33.

### « *No tengas miedo* »

Ils ouvrent une porte dans la coque, au ras de l'eau, ils te tendent la main et ils te font monter. Mais ce n'est pas tout le monde qui a pu rester à l'intérieur parce que le bateau était trop petit. Ils ont pris les femmes et les deux enfants qui avaient survécu, mais nous, les hommes, ils nous ont donné des couvertures et on est restés sur le pont. On était trempés, pieds nus, peut-être une heure encore sur le Zodiac et on mourait de froid – si la mer ne nous avait pas déjà engloutis.

Il faisait largement nuit quand nous sommes arrivés à Motril. Ils nous ont dit que nous pouvions garder les couvertures et ils nous ont fait descendre. Deux hommes se tenaient à l'entrée du bâtiment, l'un parlait français, l'autre anglais.

« Vous parlez français ? » il m'a demandé.

J'ai fait « oui » de la tête.

« Vous êtes le bienvenu en Europe. »

Ce sont ses premiers mots. Quatre ans plus tard, je les entends encore, et je peux encore éprouver, à les murmurer, l'écho du soulagement qu'ils ont provoqué en moi – « Vous êtes le bienvenu en Europe ». Il m'a indiqué vers où me diriger.

Des femmes de la Croix-Rouge nous attendaient là-bas. L'une d'entre elles m'a fait signe de m'avancer, d'approcher. Elle me souriait.

« Bonjour, quelle pointure faites-vous ?

— Je ne sais pas. Peut-être quarante. »

Elle m'a tendu une paire de chaussures en me disant qu'on allait essayer celles-ci, déjà. Puis elle m'a donné une serviette pour me sécher les cheveux et des habits – un pantalon, des chaussettes, une chemise, un pull.

« Couvrez-vous vite ! »

Elle me regardait, elle souriait, mais moi j'étais choqué de voir des Blancs traiter des Noirs comme des êtres humains. Pourquoi ils sont gentils ces Blancs-là, je me demandais, pourquoi ils s'intéressent à nous ? Dans mon pays, je n'avais vécu qu'avec des Noirs. Les Blancs, je les avais découverts en Libye, et pour eux nous étions des singes. Ceux d'Algérie et du Maroc ne m'avaient pas considéré mieux, alors pourquoi ceux d'Europe nous accueillaient-ils comme si nous valions autant qu'eux ? Je ne comprenais pas, j'étais choqué.

Quand nous avons tous été habillés et chaussés, les femmes de la Croix-Rouge nous ont servi un repas chaud. Après, seulement, la police est venue et nous a tous emmenés dans un camp, une sorte de prison où nous étions dix par chambre. Mais chacun avait un lit et nous avons pu nous coucher aussitôt et dormir.

Le lendemain, ils nous ont pris quatre par quatre et ils nous ont emmenés devant un policier de la Guardia Civil, à l'intérieur du camp.

Juste avant moi, il y avait un Camerounais. Quand le policier lui a demandé pourquoi il avait quitté son pays pour venir jusqu'ici, il a répondu : « Là-bas, y a pas de travail. Je suis venu chercher du boulot. » J'ai pensé que j'allais dire comme lui.

Mais le policier ne m'a pas demandé pourquoi j'avais quitté mon pays, il a commencé par me demander mon âge.

« Vingt-cinq ans », j'ai dit, parce que les Ghanéens m'avaient prévenu sur le bateau qu'ils allaient me ramener chez moi si j'avais moins de dix-huit ans.

Le policier parlait espagnol, mais je comprenais.

« *No, no es posible* », il a dit en fronçant les sourcils. Il m'a tendu une feuille avec un crayon.

« *Escribe tu edad.* »

J'ai écrit « 25 » en chiffres, sur la feuille.

Il a fait non avec son doigt.

« Ce n'est pas vrai. » (*Esto no es cierto.*) Et il s'est tourné sur sa chaise pour appeler une femme.

Elle est venue aussitôt et m'a parlé en français.

« Quel âge as-tu ?

— Vingt-cinq, j'ai répété.

— Non, ce n'est pas possible. Même dix-huit, ce n'est pas possible.

— Oui, vingt-cinq ans c'est mon âge. »

Elle a souri en faisant non de la tête et le policier m'a fait signe d'aller m'asseoir sur une chaise dans un coin de la pièce.

Peut-être une demi-heure plus tard, d'autres policiers sont arrivés et m'ont dit qu'ils allaient m'emmener, que je devais les suivre.

Là, j'ai commencé à pleurer. J'étais sûr qu'ils allaient me ramener dans mon pays et c'était une pensée épouvantable après tout ce que j'avais fait pour le fuir.

Les policiers étaient embêtés, ils me répétaient : « N'aie pas peur, n'aie pas peur. » (*No tengas miedo.*) Et ils ont fini par rappeler la femme.

« Tu es mineur, tu n'as pas encore dix-huit ans, elle m'a expliqué très calmement. Ici, en Europe, tu es protégé, tu ne risques rien, tu ne dois pas avoir peur. D'accord ? »

Mais non, je n'étais pas d'accord. Je me suis dit que c'étaient des mots pour m'amadouer et, quand les policiers ont essayé de me faire monter dans leur voiture, je me suis défendu. Je pleurais, et tout en pleurant j'essayais de m'échapper. J'étais certain qu'ils allaient me ramener chez moi.

En réalité, ils m'ont emmené à Grenade. J'étais seul avec eux dans la voiture, et à partir de ce moment-là je n'ai plus eu aucune nouvelle de ceux qui étaient avec moi dans le Zodiac. Aujourd'hui encore, je ne sais pas ce qu'ils sont devenus.

Arrivés à Grenade, les policiers m'ont fait entrer dans une maison qui aurait pu être une école. Puis une dame est venue me chercher et m'a fait asseoir dans son bureau.

« Comment t'appelles-tu ? » elle m'a demandé en français.

J'ai donné un faux nom, un nom bizarre que j'ai inventé là, tout de suite, Zapalouk.

« Non, elle a dit, donne-moi ton véritable nom, je sais que tu mens.

— Zapalouk, j'ai répété.

— Et tu n'as pas vingt-cinq ans. Mais tu as peur, et c'est pour ça que tu ne me dis pas la vérité. »

À partir de là, je n'ai plus rien répondu, en moi-même j'avais décidé de me taire.

« Bon, ça ne fait rien, pour le moment tu vas te reposer, elle m'a expliqué en souriant, et on reparlera de tout ça plus tard. »

Elle m'a conduit dans une chambre et là, seulement, j'ai compris que j'étais dans un centre pour mineurs. On dormait à quatre par chambre, dans des lits superposés. Elle m'a désigné le mien, et dans le coin opposé mon armoire où j'allais pouvoir ranger mes affaires. Elle m'a expliqué comment la fermer à clé, et aussi que je devais toujours garder la clé sur moi. J'ai dit oui, mais je n'avais rien à mettre dans l'armoire.

Ensuite, elle m'a montré le salon où des jeunes étaient en train de regarder la télévision, puis le réfectoire où l'on mangeait tous ensemble. D'ailleurs, les tables étaient déjà mises, avec dessus des corbeilles de pain.

« Voilà, elle a dit à la fin, maintenant tu sais tout et tu es ici chez toi. Tu n'as rien à craindre, personne ne te fera de mal. Si tu as des questions, viens me voir dans mon bureau. Ça va aller ?

— Oui, madame », j'ai dit doucement.

Elle a souri et m'a laissé tranquille.

Un moment je me suis demandé ce que j'allais faire. Et puis, finalement, je suis allé m'asseoir avec les autres devant la télévision.

## 34.

## *La dame de Grenade*

On était libres de faire ce qu'on voulait dans la maison de Grenade. Tu regardes la télévision et puis, si tu es fatigué, tu vas te mettre sur ton lit. Après, la dame vient toquer à la porte et on part tous manger ensemble. D'autres dames sont là, dans le réfectoire, et on discute un peu. Elles te rapportent du pain si tu en veux encore. Ici, on peut manger autant de pain qu'on veut. Il y en a qui rigolent avec les dames. Moi, après deux jours, je commence à parler avec les autres garçons.

Il y a un Marocain qui est assis à côté de moi au réfectoire.

« Ici, c'est bien, on t'embête pas, il me dit.

— Ils ne vont pas nous ramener chez nous ?

— Non, ici tu peux rester, ils s'occupent bien de toi.

— En vrai, tu as quel âge ? je demande.

— Quinze ans.

— Quinze ans ! Et ils te gardent ? Ils ne te ramènent pas au Maroc ?

— Non, je te dis. Ici, tu peux rester. »

Je demande encore à deux autres quel âge ils ont, et les deux ont moins de dix-huit ans. C'est bon, j'ai pensé, si la dame vient encore m'embêter avec mon âge, je vais lui dire la vérité. Les Ghanéens m'ont raconté des conneries, ce n'est pas la peine de mentir.

Le lendemain, justement, elle revient me voir.

« Assieds-toi. Est-ce que tu te sens bien, ici ?

— Oui, madame.

— Alors, maintenant, est-ce que tu veux bien me dire ton âge ?

— Seize ans et demi.

— Très bien, c'est à peu près ce que je pensais. »

Elle sourit, elle est contente.

« Et ton nom ? Tu veux bien me dire ton véritable nom ?

— Kouamé, je m'appelle Kouamé.

— Merci, Kouamé, elle dit en me regardant longtemps. À présent, on se connaît un peu mieux. »

Elle a noté mon nom et mon âge sur son papier.

« Tu vois, ce sont des renseignements dont nous avons besoin pour nous occuper de toi. Aurais-tu une pièce d'identité par hasard ?

— Je l'ai laissée au Maroc. »

C'était vrai. Avant de monter dans le Zodiac, j'avais confié ma carte d'identité scolaire à un gars qui parlait avec le passeur.

« Tu as le nom de la personne à qui tu l'as laissée ? Peut-on lui écrire ?

— C'est un garçon, je ne connais que son téléphone.

— Alors appelons-le tout de suite, tu veux bien ? »

Je donne le numéro, elle le compose et me tend le combiné.

Le gars répond presque aussitôt. « Je me souviens de toi, Kouamé », il dit. Il est content que je sois bien arrivé. Il a toujours ma carte d'identité scolaire, mais il a besoin de sous pour me l'envoyer.

« Il me demande si je peux envoyer de l'argent, j'explique à la dame.

— Dis-lui que je le rappelle dans un moment. »

J'ai raccroché, et nous avons continué à parler.

« Alors, maintenant, j'ai besoin de savoir pourquoi tu as quitté ton pays.

— Parce qu'il n'y a pas de boulot là-bas.

— Mais, à ton âge, on ne travaille pas, on va encore à l'école… »

Elle voit bien que je raconte du baratin.

« Veux-tu appeler tes parents, Kouamé ? elle demande doucement, après un long silence, en poussant vers moi le téléphone.

— Ils sont morts.

— Ah… Et c'est pour ça que tu es venu jusqu'ici ?

— Oui.

— Comment sont-ils morts ? Tu veux bien me le dire ?

— Non.

— Mais tu m'autorises à noter sur ce papier qu'ils sont morts ?

— Oui, c'est vrai.

— Bien, Kouamé, c'est noté. Si un jour tu veux me dire dans quelles circonstances tes parents sont morts, tu sais que tu peux venir me voir, n'est-ce pas ? Si veux parler, tu peux toujours venir me voir. D'accord ? Tu as bien compris ? »

Après ça, la dame m'a présenté une autre femme, plus jeune, qui est devenue mon « éducatrice ». « Kouamé, je te présente Cecilia, ton éducatrice. » Désormais, c'est elle qui se préoccupe de savoir si j'ai suffisamment de vêtements, si ça va bien, si je n'ai pas de choses particulières qui me soucient. « Si tu as besoin de parler, Kouamé, je suis là. » Elle aussi me l'a dit. Et elle aussi m'a demandé dans quelles circonstances sont morts mes parents, mais ça je ne peux pas le raconter. Si je repense seulement aux deux hommes cagoulés, j'ai l'impression que plus rien ne tient debout dans ma tête, comme si le souvenir de cette journée cherchait à me rattraper pour me tuer. Au fond de moi, je pense que si je la racontais, à l'instant même où je la raconterais, je mourrais.

Une quinzaine de jours après notre dernière conversation, la dame m'appelle dans son bureau.

« Bonjour, Kouamé. Regarde ce que je viens de recevoir... Tu la reconnais ? »

Ma carte d'identité scolaire !

Je suis touché de la revoir. La dame a donc rappelé le gars, tout arrangé avec lui, et la carte est arrivée. Depuis la mort de mes parents, seule sœur Claudine s'était donné autant de peine pour moi.

« Maintenant que nous savons qui tu es, Kouamé, nous allons te faire faire un passeport. Comme ça, quand tu auras dix-huit ans, tu pourras demander à rester en Espagne. Ça te va ? Tu es d'accord ?

— Oui, j'ai dit, je veux rester ici, je ne veux plus jamais retourner dans mon pays.

— J'ai bien compris. Nous allons faire ce qu'il faut pour que tu n'aies pas à y retourner. »

# 35.

## *De nouveau j'existe*

Cecilia, mon éducatrice, veille sur moi comme si elle était ma grande sœur. Tout ce dont j'ai besoin, je le lui demande. Aussitôt, elle fait un rapport pour dire : « Kouamé a besoin d'un manteau, Kouamé a besoin d'une nouvelle chemise… » et, quelques jours plus tard, j'ai mon manteau ou ma chemise.

Un matin, elle vient m'expliquer qu'on va partir pour Madrid tous les deux, en train, pour me faire établir un passeport. Elle a téléphoné à l'ambassade de mon pays et ils lui ont donné un rendez-vous.

Le gars, derrière le guichet, nous fait quand même des ennuis. Il regarde ma carte d'identité scolaire comme si ce n'était rien du tout et il la rend à Cecilia.

« Ce n'est pas suffisant pour faire faire un passeport. Il faut un extrait d'acte de naissance et l'autorisation des parents si le jeune est mineur.

— L'enfant n'a plus ses parents, elle dit.

— Alors il faut demander un extrait d'acte de décès.

— Bien, dit Cecilia, nous allons nous en occuper. »

Elle reste très gentille et finalement le gars accepte d'ouvrir un dossier à mon nom en attendant les papiers qui manquent. Il recopie proprement mon nom et il prend mes empreintes.

Comme personne de ma famille ne peut nous envoyer ces papiers, Cecilia téléphone à une association qu'elle connaît sur place, et puis les jours passent et on ne parle plus de mon passeport.

Dans mon souvenir, je ne suis pas malheureux à Grenade, mais je ne suis pas heureux non plus. On nous donne des cours pour parler l'espagnol, mais moi je n'aime pas cette langue. « C'est pourtant la première chose que tu dois apprendre, me dit Cecilia, avant de retourner à l'école ou de commencer un métier. » Souvent, la nuit, je fais des cauchemars, et après, pendant plusieurs jours, je pense à mes parents, mais surtout à ma grande sœur. J'ai besoin de savoir s'ils l'ont tuée ou non. Il me semble que tant que je ne saurai pas ce qu'elle est devenue, je ne serai pas tranquille. D'ailleurs, je ne peux pas rester longtemps devant la télévision : après dix minutes, je me mets à repenser à ma grande sœur et j'ai besoin de bouger. Je marche dans les couloirs du centre, ou autour des tables, dans le réfectoire qui est très grand, et ça me fait du bien.

« Quelque chose ne va pas, Kouamé ? me demande Cecilia.

— Non, ça va très bien. J'ai seulement mal à la tête. »

Elle a fait plusieurs rapports pour dire que j'avais souvent la migraine, que je n'étais pas beaucoup avec les autres, que je préférais rester seul. Je comprends bien qu'elle voudrait que je sois plus à rigoler, mais moi je n'ai pas très envie. Ça me fait du bien de bouger, comme si j'allais chercher quelque chose, alors que je ne vais nulle part en réalité. Elle ne sait pas que j'ai une grande sœur – si je lui parlais d'elle, il faudrait que je lui parle aussi de mes parents.

Enfin, un jour, après trois mois d'attente peut-être, je demande à Cecilia si quelqu'un n'a pas envoyé mon passeport.

« Mais tu as raison, Kouamé, elle dit, je n'y pensais plus… Viens avec moi, nous allons appeler tout de suite l'ambassade. »

Je l'écoute parler, répéter mon nom, ma date de naissance, donner la date de notre premier rendez-vous, et soudain je la vois sourire :

« Il est là, il est à l'ambassade », elle me le dit tout bas en cachant avec sa main le combiné.

J'ai un passeport ! Sans que je comprenne bien pourquoi, la nouvelle m'a fait me lever et bondir vers la fenêtre. Comme si le monde, dehors, m'était de nouveau permis, comme si je pouvais de nouveau le regarder sans avoir peur. Dans tous les pays que j'ai traversés, je suis entré clandestinement, j'ai dû me cacher, on m'a traité moins bien qu'un mouton parce que je n'avais pas de papiers, parce que je n'existais pas, et soudain je suis quelqu'un, je vais pouvoir marcher dans la rue sans raser les murs.

« Qui es-tu, toi ? D'où viens-tu ?

— Je suis Kouamé, j'ai bientôt dix-sept ans, vous voulez voir mon passeport ? »

Le gars, il regrettera de m'avoir embêté.

## 36.

### *Madrid, Bordeaux, Toulouse...*

« Kouamé, dit Cecilia, veux-tu aller tout seul à Madrid chercher ton passeport ? Si tu préfères, je t'accompagne. Mais j'ai beaucoup de travail ici et je pense que tu peux y aller seul. »

Bien sûr que je peux y aller seul ! Est-ce que je n'étais pas seul pour remonter l'Afrique depuis le Ghana ? Et, cette fois, je pars avec les billets aller et retour. Revenu à Grenade, Cecilia m'attendra à la gare.

Pourquoi est-ce que je remplis mon sac à dos de vêtements, alors que je vais faire le voyage dans la journée ?

Cela étonne aussi Cecilia.

« Tu vas faire quoi avec tous ces habits, Kouamé ?
— Je n'ai pas envie d'être sale. »

Je vois bien qu'elle ne comprend pas mais qu'elle ne veut pas me contrarier en insistant. Moi non plus je ne comprends pas, sans doute est-ce que je trouve rassurant d'emporter avec moi tous les habits qu'on m'a donnés après être arrivé nu en Espagne.

À l'ambassade, on me remet mon passeport.

Aussitôt sorti, je l'ouvre et le regarde. Je suis content de voir ma photo, mon nom… Dis donc, je suis vraiment content. Et je retourne à la gare pour prendre le train dans l'autre sens.

Mais là, j'entends des gens qui parlent français et, brusquement, je change d'avis. Décidément, je n'aime pas l'espagnol, je n'arrive pas à l'apprendre. Alors je pense : « Je ne vais pas retourner là-bas, moi aussi je veux aller en France. » Et je m'en vais à la gare des bus regarder combien ça coûte d'aller en France. J'ai de l'argent, parce qu'au foyer, à Grenade, on nous donne vingt-cinq euros par mois pour appeler nos parents. Moi, je les ai gardés, je n'ai personne à appeler.

Madrid-Paris, c'est quatre-vingt-dix euros, j'en ai cent vingt-sept, je pourrais acheter le ticket pour Paris mais je dois penser à garder de l'argent pour manger. Madrid-Bordeaux c'est seulement soixante-sept euros, alors je prends pour Bordeaux.

« Tu as un passeport ? » me demande la dame au guichet.

Je dis « oui », elle ne regarde pas mon âge, elle s'en fiche.

Et je monte dans le bus *Eurolines*. Il y a des télévisions derrière les fauteuils, si tu veux tu peux regarder un film, ou écouter de la musique. Le type, à côté de moi, il m'explique comment ça marche. Je suis assis bien tranquillement et je regarde un film. Puis je dors. Quand je me réveille, c'est le soir, et le bus roule toujours dans la campagne.

Un peu plus tard, on arrive dans une ville et il s'arrête pour que les gens puissent manger. Ils s'assoient tous dans le restaurant avec le chauffeur, mais ça c'est trop cher pour moi, alors je m'en vais acheter des biscuits et je les mange dans mon coin.

À 4 ou 5 heures du matin, je me réveille, et voilà que tout le monde est en train de descendre. Mon voisin prend sa guitare et ses bagages. Comme il va pour descendre, lui aussi, je prends mon sac et je le suis.

Dehors, il fait très froid et il n'y a pas de restaurant ni rien pour acheter à manger. Je regarde un peu autour de moi et, comme le gars avec sa guitare a l'air d'attendre quelque chose, j'attends aussi.

Après un moment, c'est lui qui vient me parler.

« Tu connais quelqu'un, ici ?

— Non, je dis, moi je vais à Bordeaux.

— Mais c'est ici, Bordeaux.

— C'est ça, Bordeaux ? Ah, ben non, je ne connais personne. »

Il me demande si j'ai faim et il me donne plein de trucs qu'il avait dans son sac – du pain, du fromage, des fruits, des gâteaux… Il veut savoir d'où je viens, depuis quand je fais le voyage, quel est le métier de mon père, si là-bas, dans mon pays, j'habitais une ville ou un village, des choses comme ça.

« C'est dommage que tu sois arrivé, il me dit, sinon on aurait pu continuer à parler. Il faut que je parte maintenant, moi je vais à Toulouse.

— C'est encore la France, Toulouse ?

— Oui.

— Bon, alors je vais avec toi.

— Tu es sûr ?

— Si Toulouse c'est la France, je vais avec toi.

— D'accord, il fait », et il m'accompagne jusqu'au guichet pour acheter le billet. Ensuite, il s'éloigne un peu pour aller composter les tickets, et c'est à ce moment-là, justement, que deux policiers s'approchent.

« Bonjour, monsieur, ils font en me saluant, on peut voir vos papiers d'identité, s'il vous plaît ? »

Je donne mon passeport. L'un des deux le prend et s'en va téléphoner un peu plus loin pendant que l'autre reste avec moi.

« Tu vas où comme ça ?

— Moi je m'en vais à Toulouse. J'ai acheté mon ticket. »

Quand l'autre policier revient, il me rend mon passeport.

« Bon voyage », il me dit.

Alors, en moi-même, je pense que plus personne ne va m'embêter maintenant que j'ai un passeport, et je monte dans le train avec mon ami.

On arrive à Toulouse, à la gare Matabiau.

« Moi, mon père doit être là à m'attendre, il m'explique, alors je te dis au revoir. »

Et là-dessus il s'en va et je me retrouve tout seul dans la gare.

Maintenant, je sais que je ne risque rien, alors je vais vers les trois militaires qui marchent dans la gare avec leurs mitraillettes.

« Excusez-moi, monsieur, je viens d'arriver. Où je dois aller pour trouver un endroit pour dormir ? »

Ils discutent un peu entre eux.

« Appelle le 115.

— Tu as quel âge ? demande un autre.

— Dix-sept ans…

— Alors si tu es mineur, c'est le Conseil général qu'il faut appeler, ce n'est pas le 115.

— Oui, mais moi je n'ai plus de batterie, je dis, vous voulez bien appeler ?

— Attendez, je vais appeler pour vous », dit une dame qui s'était approchée pour nous écouter.

Elle va pour téléphoner, mais alors la police arrive. Trois policiers.

Ils demandent ce qui se passe. Puis si j'ai une pièce d'identité.

« Il est mineur, dit la dame. Pour les mineurs c'est le Conseil général.

— Madame, s'il vous plaît, nous savons ce que nous avons à faire », lui rétorque le chef des policiers. Et à moi : « Suis-nous, on va te conduire. »

Depuis Motril, où je ne voulais pas monter dans la voiture de la Guardia Civil, j'ai compris que quand la police me prend, ici, en Europe, ce n'est pas pour me tuer ou me faire du mal. Alors je monte dans leur voiture, deux devant et un qui reste à côté de moi à l'arrière.

On arrive au Conseil général. Ils me prennent mon passeport, me disent de m'asseoir et ils vont parler à une dame.

« Tu restes là, on va venir te chercher. »

Ils me saluent et ils s'en vont.

Un moment plus tard, une dame vient me chercher, en effet.

Elle tient mon passeport dans une main et me demande si je veux bien la suivre dans son bureau.

« Assieds-toi. Je vois que tu as dix-sept ans. »

On était le 30 avril 2015 et j'avais dix-sept ans depuis une semaine.

« Kouamé, c'est ton prénom, n'est-ce pas ?

— Oui.

— Alors Kouamé, tu veux bien m'expliquer pourquoi tu es là ?

— J'étais en Espagne, là-bas ça ne me plaît pas, alors je suis venu en France.

— Oui, d'accord. Mais pourquoi tu as quitté ton pays, c'est ça que je veux savoir. »

Ça, je ne peux pas le dire, alors je me tais.

« Excuse-moi, tu as peut-être faim. Depuis quand n'as-tu pas mangé ?

— Je veux bien boire un café. »

Mais elle revient avec un sandwich et un café.

« Mange tranquillement, et après ça tu me diras pourquoi tu as quitté ton pays. D'accord ? »

Elle me regardait et elle attendait.

« Il le faut, Kouamé. Nous devons connaître l'histoire de chacun pour remplir son dossier. Ce n'est pas pour t'embêter, c'est pour toi, dans ton intérêt. Tu comprends ? »

Alors, pour la première fois, je me suis mis à raconter la journée du 8 décembre 2012. L'entrée des deux hommes cagoulés dans notre maison, l'étonnement de mon père, la frayeur de ma mère, puis tous les quatre agenouillés et bientôt l'homme qui compte jusqu'à cinq pour que ma mère tire sur mon père, sinon c'est l'autre qui va nous tuer, ma grande sœur et moi. Moi qui me cache quand j'entends le premier coup de feu, moi qui suis toujours caché quand le second coup de feu fait un bruit sourd dans le salon, puis les corps de mon père et de ma mère allongés au sol et pris de soubresauts. Pendant qu'ils meurent, les deux hommes sur ma grande sœur. Enfin, leur dispute dans l'entrée pour savoir s'ils doivent me tuer ou non, et ma grande sœur qui me fait signe de m'enfuir par la fenêtre entrouverte, derrière la télévision.

La dame m'a laissé parler, et maintenant elle se tait.

Elle a seulement dit à un moment : « Mon Dieu… », puis plus rien.

Elle est comme cachée en elle, partie loin, et moi aussi.

Je n'ai pas pleuré, mais je me sens très mal maintenant. J'ai même oublié comme j'étais content, un peu plus tôt.

Je voudrais me lever et partir.

Et c'est là qu'elle se remet à parler.

« Mais comment… comment as-tu fait ensuite pour arriver jusqu'ici, à ton âge ? »

Alors ça me fait du bien de me rappeler sœur Claudine et je raconte encore les deux mois passés avec elle, avant qu'elle me donne cinq cents euros et me mette dans l'autocar pour le village de mon grand-père.

« Et tu n'y es pas allé…

— Non, parce que mon grand-père était mort l'année précédente. Là-bas, au village, ils s'en foutent de moi.

— Comment ça, ils s'en foutent de toi ? Je ne comprends pas…

— J'ai pris un autre autocar et je m'en vais au Ghana.

— Bien, bien… On va s'arrêter là pour le moment. Maintenant, tu vas aller te reposer, et demain nous reparlerons tranquillement et nous verrons ensemble comment organiser les jours à venir. »

# 37.

## *La chance de ma vie*

Cette première nuit à Toulouse, je dors à l'hôtel Bristol, chambre 111. La chambre est très bien faite, avec un lit, la télévision, la douche, tout ce qu'il faut. Je peux même recharger mon téléphone, je suis content.

C'est la dame du Conseil général qui s'est occupée de la louer.

Le lendemain matin, je retourne la voir et elle me présente à une autre qui sera désormais mon « éducatrice », comme Cecilia à Grenade.

Cette dame-là est aussi gentille que Cecilia. Le deuxième jour, elle vient à l'hôtel et là je vois que nous sommes quelques mineurs logés au Bristol parce qu'elle nous réunit. Elle veut savoir ce que nous avons comme vêtements pour nous changer et ne pas attraper froid. Comme nous n'avons qu'un pantalon chacun et que certains n'ont pas de manteau, elle nous emmène tous au supermarché. Tu essayes les pantalons, les chaussures, les manteaux, elle regarde si ça te va bien et elle achète pour toi.

De retour à l'hôtel, les autres me disent qu'il y a la wifi gratuite, alors je commence à me connecter, pour causer un peu avec les gars qui sont restés dans le foyer, à Grenade. Je les appelle sur Skype.

« Tu es où, Kouamé ? Tout le monde te cherche…

— En France !

— Mais pourquoi tu es parti ?

— Là-bas, en Espagne, je ne sais pas parler.

— Cecilia, elle a beaucoup pleuré que tu sois parti. Elle a appelé partout…

— Elle a pleuré, Cecilia ?

— Attends, elle arrive, elle va te parler. »

C'est là seulement que j'ai compris, en l'écoutant, que les Européens ne pensent pas comme les Africains. Chez nous, un jeune qui s'en va, tout le monde s'en fout. Aujourd'hui tu meurs, demain on ne parle plus de toi. En Europe, personne ne peut se perdre, aucun crime, aucune disparition ne peut passer inaperçu.

« Je t'ai cherché partout, Kouamé, me dit Cecilia, j'ai appelé l'ambassade à Madrid, les hôpitaux, les autres foyers, la police… Comment tu as pu me faire ça, partir sans même me prévenir ?

— Excuse-moi, je ne savais pas.

— Mais qu'est-ce que tu pensais donc ? Que tu pouvais disparaître comme ça ? Qu'on n'allait pas s'inquiéter ?

— Oui, c'est ça, je ne pensais pas que tu allais t'inquiéter.

— On t'a accueilli, tout le monde s'est bien occupé de toi, et toi tu t'en vas du jour au lendemain et tu crois qu'on s'en fiche…

— Pardonne-moi, Cecilia, je ne savais pas, mais là, en t'écoutant, je comprends. Pardonne-moi. »

J'étais surpris de sa peine, de tout ce qu'elle me disait, et je sais aujourd'hui que j'ai commencé à comprendre ce jour-là, en l'écoutant, que pour les Européens la vie a beaucoup plus d'importance que pour nous, les Africains.

Je suis resté à peu près trois mois à l'hôtel Bristol, puis j'ai été envoyé dans un foyer d'urgence et, enfin, le 3 septembre 2015, j'ai été admis au foyer San Francisco.

Là, les éducateurs m'ont demandé ce que je voulais faire dans ma vie. La dame du Conseil général m'avait déjà posé la question et j'avais répondu que je voulais devenir professeur de maths. C'était ce qu'on avait décidé avec mon père – je travaillais bien à l'école, je devais passer le bac, puis entrer à l'école des professeurs et devenir enseignant, comme lui. C'était mon rêve trois ans plus tôt et, dans ma tête, je n'y avais pas renoncé.

« Ici, en France, ce n'est plus possible, ils m'ont dit, maintenant tu es trop âgé pour reprendre l'école. Il faut que tu apprennes un métier.

— D'accord, mais je ne connais pas les métiers.

— On va chercher pour toi et te faire des propositions. »

Parmi toutes les possibilités, celle qui me tentait le plus était d'entrer à l'École de production de l'Icam (l'Institut catholique d'arts et métiers) qui offrait une place pour une formation de technicien. Nous étions deux au foyer à vouloir y aller, mais l'autre jeune était arrivé avant moi et les éducateurs lui ont donné la priorité.

Il a été convoqué pour passer les épreuves d'admission et il a été recalé. Alors les éducateurs ont pensé à moi.

« Veux-tu essayer à ton tour, Kouamé ? Ce n'est pas facile, mais tu parles mieux le français que ton camarade et il y a une épreuve de maths, pour toi justement qui voulais les enseigner… »

C'était peut-être la chance de ma vie – j'ai aussitôt accepté de me présenter à l'examen.

Et j'ai été reçu !

Donc, j'étais admis à l'école de production de l'Icam pour y suivre une formation de tourneur-fraiseur. Ça ne me plaisait pas trop, ce métier, j'aurais préféré être professeur, mais en moi-même je me suis dit : « Je vais essayer pour voir. »

Je suis arrivé dans cette école à la fin du mois de septembre 2015 et ça n'a pas été facile. J'étais le seul à n'être plus allé à l'école depuis trois ans, et je commençais avec un mois de retard sur les autres.

Mais j'ai décidé de saisir cette chance, de me donner à fond, et c'est ce que j'ai fait – pas un retard, pas une absence... jusqu'à la date du 30 juin 2016 où la préfecture m'a écrit qu'elle ne voulait plus de moi sur le territoire français et que j'allais être reconduit dans mon pays d'origine, si je ne quittais pas la France de mon plein gré.

## 38.

## *Comme si j'étais un criminel*

Dès mon arrivée au foyer San Francisco, les éducateurs s'étaient préoccupés de mes papiers. La dame du Conseil général leur avait communiqué le rapport qu'elle avait écrit sur l'assassinat de mes parents et la disparition de ma grande sœur.

« Kouamé, ils m'avaient dit, tu dois pouvoir obtenir le statut de réfugié après ce qui t'est arrivé. »

Et, ensemble, on avait entrepris de constituer un dossier pour l'Ofpra (l'Office français de protection des réfugiés et apatrides).

J'avais dû, de nouveau, raconter la journée du 8 décembre 2012. Comme après ça je me sentais mal et que je ne dormais plus, les éducateurs m'avaient fait rencontrer un psychologue et, désormais, je voyais cet homme une ou deux fois par semaine.

Ça me faisait du bien, le psychologue, avec lui je pleurais, mais il me disait des choses qui me réconfortaient et que je pouvais me répéter, la nuit, quand je n'arrivais plus à dormir.

Mais devoir encore et encore reparler de la mort de mes parents pour remplir tous ces papiers avait fini par me rendre fou, je ne dormais plus, je ne pensais plus qu'à ça, si bien que même si je voulais rester en France, je n'ai plus rien fait pour ma demande d'asile. En moi-même, je pensais que jamais la France, qui m'avait si bien accueilli, ne me chasserait de son territoire. J'avais été admis à l'école de production de l'Icam, j'avais de très bons résultats, les félicitations de tous les professeurs, le soutien de mes éducateurs – pourquoi la France ne voudrait-elle plus de moi ?

Mais l'administration ne raisonne pas comme ça. Le 30 juin 2016, j'ai été prévenu qu'une lettre recommandée de la préfecture m'attendait à la poste.

J'ai couru la chercher, et déjà je commençais à trembler.

Et puis je l'ai ouverte sur le trottoir et j'ai vu l'obligation de quitter le territoire français. Maintenant, j'étais majeur, et la France ne voulait plus de moi, tout ce que j'avais fait pour arriver jusqu'ici, ça n'avait servi à rien, la souffrance allait toujours me suivre jusqu'à ma mort. Alors là, sur le trottoir, j'ai pris ma décision : je ne veux plus vivre, je vais mettre fin à mes jours.

J'arrive au foyer, je rigolais, j'étais soulagé d'avoir pris cette décision, et j'entends mon éducatrice qui dit tout haut en souriant : « Ah, aujourd'hui ça va, Kouamé rigole ! » Alors je lui donne la lettre.

Elle la lit : « Quoi ?... Quoi ?... », elle faisait, et je voyais qu'elle changeait de figure.

À la fin, elle m'attrape par le bras.

« Viens, suis-moi, on va tout de suite appeler l'avocat. Ça, c'est impossible ! Impossible ! »

Elle appelle l'avocat, et pendant qu'elle lui parle, moi je me mets à pleurer, à pleurer. Je rigolais, et maintenant je pleure, parce que je sais que c'est fini pour moi, que tout ça ne sert plus à rien. Ma décision est prise, je vais rejoindre mes parents.

L'avocat a demandé tout mon dossier.

« Il est confiant, me dit mon éducatrice. Alors toi aussi tu dois l'être, Kouamé, d'accord ? Ne pleure pas, n'aie pas peur, on va se battre pour toi, on ne va pas t'abandonner. »

Elle prévient l'assistante sociale et le psychologue, et tous les deux sont choqués. Je les vois le jour même, ils me réconfortent, eux aussi me disent qu'ils ne vont pas m'abandonner, et surtout que *je ne dois pas* abandonner.

« Tu n'es pas tout seul, Kouamé. »

Et c'est cet après-midi-là, pendant qu'on se parle, que le sort de ma grande sœur est pour la première fois discuté. Si elle est toujours en vie, elle est ma seule famille, c'est ce qu'ils disent tous et, avec le recul, je pense aujourd'hui qu'ils ont en tête qu'elle pourrait être mon dernier recours si je devais quitter la France. Celle qui s'occuperait de moi de retour dans mon pays, celle qui me sauverait. L'assistante sociale et mon éducatrice m'organisent un rendez-vous avec la Croix-Rouge à Toulouse, toutes les deux pensent que seule cette organisation est capable de mener ce genre d'enquête en Afrique.

À la Croix-Rouge, je suis très bien reçu. Je donne à la dame toutes les indications possibles, les noms de mes deux parents, celui de ma grande sœur, bien sûr, notre adresse, le nom du village de mon grand-père, etc.

« Bien, me dit la dame, je crois qu'avec tous ces éléments nous pouvons chercher ta sœur. Je ne te promets rien, mais nous allons travailler et tu seras tenu au courant. »

L'avocat veut aller devant le tribunal administratif et, à l'école comme au foyer, tout le monde se mobilise pour m'aider à avoir un bon dossier devant la justice française. Gilles, le directeur de l'école de production de l'Icam écrit une lettre pour dire combien je suis investi dans la préparation de mon diplôme, chaque professeur écrit une note particulière sur moi – « Kouamé est sérieux, Kouamé veut réussir, Kouamé mérite qu'on le soutienne après le drame qui a frappé sa famille. » Au foyer, l'assistante sociale et les éducateurs font également des lettres.

Mais moi, en attendant, je suis en situation illégale, je suis redevenu un clandestin, comme en Libye, en Algérie ou au Maroc, menacé d'expulsion si je suis contrôlé par la police. Comme si j'étais un criminel, pour la France. C'est ça qui me fait pleurer toutes les nuits, cette humiliation d'être mal jugé par la préfecture. Comme si tu entres chez quelqu'un et qu'il te dit : « Sors de chez moi, tu n'es pas quelqu'un de bien. » Je me sens rabaissé, sali, j'ai honte de devoir me cacher et je voudrais mourir.

C'est l'enquête de la Croix-Rouge sur ma grande sœur qui m'a retenu de mettre fin à mes jours. Je veux savoir avant de me tuer. Si j'apprends qu'ils l'ont assassinée, elle aussi, alors je la retrouverai à côté de mes parents et je peux me figurer que nous serons de nouveau réunis et heureux dans un monde où la violence et la cruauté n'ont pas de place. Savoir que cet autre monde existe me permet de tenir en attendant les résultats de l'enquête.

L'été 2016 est passé, l'automne est bien entamé quand le directeur de l'école me convoque dans son bureau.

« Kouamé, qu'est-ce qui se passe ? Ça ne va plus du tout, tes notes sont en chute libre. Tu as fait une première année formidable, et là on dirait que tu n'y crois plus, que tu baisses les bras…

— Oui, j'ai dit, zéro absence, zéro retard, je me suis donné à fond, et qu'est-ce que j'ai reçu pour tout ça ? Une lettre de la préfecture qui va me mettre dehors de la France comme si j'étais un voyou, un délinquant. Est-ce que j'ai déjà volé quelque chose ici ? Est-ce que j'ai fait du mal à qui que ce soit ?

— La préfecture ne sait pas qui tu es, Kouamé. La préfecture est une administration aveugle qui obéit à la réglementation. N'en tire pas de conclusions pour toi-même. Et d'ailleurs, attendons de voir ce que va décider le tribunal.

— Non, j'arrête l'école, j'arrête la formation.

— Pardon ?

— Tout ce que j'ai fait jusqu'ici n'a servi à rien. J'arrête l'école, monsieur le directeur.

— Écoute-moi bien, Kouamé, tu n'as pas le droit de prendre une telle décision ! Ici, à l'école, nous sommes tous avec toi, les professeurs, moi, tout le monde t'apprécie et te soutient, alors je te le demande, reprends-toi, remets-toi au travail et ne perds pas confiance. »

En vérité, il n'avait plus de mots, parce qu'au fond de lui il ne savait pas ce qui allait arriver. Demain, la police pouvait venir me prendre et me mettre dans un avion, et il ne pourrait plus rien pour moi. Personne ne pourrait plus rien.

Nous avions une coach, une dame qui venait pour nous préparer au monde du travail, dans les ateliers.

À cette dame, quelques jours plus tard, j'ai tout avoué.

« Ne vous fatiguez plus à m'accompagner, ça ne sert à rien, je ne veux plus faire de formation, je ne veux plus rien faire dans ce monde, je vais partir.

— Comment ça, tu vas partir ?

— Je ne veux plus vivre, je vais mettre fin à mes jours.

— Kouamé, tu te rends compte de ce que tu viens de dire ?

— Oui, je me rends compte, j'ai dix-huit ans, je ne suis plus un enfant, je sais ce que je dis. Je vais mettre fin à mes jours parce qu'il n'y a aucune place pour moi dans ce monde. »

Elle s'est mise à pleurer, mais moi je ne pleurais pas. Dans ma tête j'étais déjà parti.

## 39.

### *Et la toile sombre du ciel*
### *s'est déchirée d'un seul coup*

Un samedi matin de décembre 2016, quelqu'un me téléphone au foyer.

« Kouamé, une dame veut te parler, mets-toi dans mon bureau, tu seras plus tranquille. »

C'est la première fois que j'ai un appel.

« Bonjour, Kouamé, ici c'est la Croix-Rouge. Nous avons les résultats de la recherche que vous nous avez demandée. Pouvez-vous passer dans la journée ?

— Vous avez… Vous avez les résultats ? Alors c'est positif ou c'est négatif ?

— Je ne peux rien vous dire au téléphone. Passez, je vous attends. »

À ce moment-là, pour moi, ma grande sœur est morte.

Et c'est ce que je dis à mon éducatrice.

« La Croix-Rouge veut me voir. Ma grande sœur est morte, je crois. »

En lui disant cela, je pense secrètement que moi aussi, demain, je serai mort.

« Tu ne vas pas y aller seul, je t'accompagne. »

Elle enfile son manteau et nous partons tous les deux dans sa voiture.

En arrivant dans les bureaux de la Croix-Rouge, on nous dirige vers la dame qui m'a téléphoné.

Je vois qu'elle sourit, et comme moi je souris quand j'apprends une mauvaise nouvelle, je pense aussitôt qu'elle va me dire que ma grande sœur a été assassinée.

Mais elle ne dit rien et me tend une lettre.

« Tenez, Kouamé, c'est pour vous. Asseyez-vous et lisez-la tranquillement. »

Mais je tremble trop pour ouvrir l'enveloppe, alors je la donne à mon éducatrice.

C'est elle qui lit la lettre à haute voix et, aussitôt, dans ma tête, c'est comme si la toile sombre du ciel se déchirait pour laisser apparaître le printemps : ma grande sœur est vivante, ils l'ont retrouvée ! Elle est la mère d'une petite fille ! Et pour que je ne puisse pas douter, les enquêteurs de la Croix-Rouge ont glissé une photo dans l'enveloppe. Quatre années, presque jour pour jour, se sont écoulées depuis le drame, mais c'est bien elle, je la reconnais : amincie, le regard plus grave, mais vivante ! J'étais tellement heureux ! Tellement ! On aurait dit que ma poitrine était trop petite pour accueillir une telle nouvelle. Que mon cœur s'était enflammé d'un seul coup. Il étouffait, il bondissait, comme s'il voulait sortir, et moi je riais et je pleurais en même temps. Un moment plus tôt je ne me voyais plus aucune place dans ce monde, et soudain le même monde était baigné de lumière et d'espoir. Si elle était vivante, alors moi aussi je pouvais vivre, moi aussi je *voulais* vivre ! Nous n'étions plus orphelins, ensemble nous redevenions une famille, et cette famille s'était agrandie de cette petite fille que je ne connaissais pas – ma nièce.

Oh oui, moi aussi je voulais vivre maintenant !

Comment avais-je pu penser mourir alors qu'Aïcha était vivante ?

Et maintenant lui parler, vite.

Entendre sa voix, la reconnaître et lui parler.

Nous avions l'un et l'autre quatre années de plus. Elle ne savait rien de ce que j'avais traversé durant ces quatre années, et moi je ne savais rien de ce qu'elle avait vécu.

# 40.

## *Aïcha, Fanta et moi*

Les enquêteurs de la Croix-Rouge m'avaient inscrit un numéro de téléphone en bas de la lettre.

Je me suis enfermé dans un bureau et je l'ai composé.

J'ai demandé Aïcha, et quelqu'un m'a dit de patienter, qu'on allait la chercher.

« Allô ?

— Aïcha ? j'ai demandé. C'est Kouamé. C'est Kouamé au téléphone. »

Je l'entendais respirer.

« C'est Kouamé qui te parle, Aïcha. »

Et comme elle ne disait toujours rien, j'ai commencé à répéter les mots que mon père nous disait à la maison, souvent :

« "Ma femme elle est belle, ma femme elle est la plus belle femme du monde"… Tu te souviens, Aïcha ? Tu vois, c'est bien moi. »

À son tour elle a répété ce que disait notre mère pour me montrer qu'elle était bien Aïcha : « Fais attention, Yao, fais très attention. Moi j'ai peur, je ne dors plus, je ne pense plus qu'à ça. » Et alors elle s'est mise à pleurer, et moi aussi en l'entendant.

On pleurait tellement qu'on a dit qu'on allait se rappeler.

Le lendemain, seulement, on a pu commencer à parler.

« Mais comment tu as fait pour arriver jusqu'en France ? elle m'a demandé. Comment tu as fait, Kouamé ? »

J'ai essayé de raconter. Puis je me suis interrompu, c'était trop long, et j'avais hâte de savoir pour elle.

« On ne va pas parler de tout ça maintenant, plus tard je te raconterai tout. Dis-moi plutôt comment s'appelle ta petite fille.

— Fanta.

— Ah, c'est très joli Fanta ! J'ai hâte de la connaître. »

Elle m'a dit qu'elle était mariée à présent, qu'elle habitait au village avec son mari et leur petite fille. Qu'elle allait bien, oui. Et moi aussi, j'ai dit que maintenant que je l'avais retrouvée j'allais bien, très bien même. Que je préparais mon examen pour devenir tourneur-fraiseur, et comme elle ne savait pas ce que c'était comme métier, j'ai dû lui expliquer. On avait des choses plus importantes à se raconter, bien sûr, mais on était devenus timides l'un avec l'autre.

« Je vais te rappeler encore demain, Aïcha, parce que là je suis trop choqué, j'ai besoin de m'habituer à t'avoir retrouvée, à la vie qui recommence, tu comprends ? »

Elle a dit : « Oui, oui, je comprends, moi aussi. À demain, Kouamé », et nous avons raccroché.

Dans les semaines suivantes, je l'ai appelée chaque jour. Je m'endormais en pensant à elle et, quand je me réveillais, c'était encore à elle que je pensais. À elle et à son enfant. Elles étaient devenues ma raison de vivre, ma raison de me remettre au travail.

Et c'est à travers toutes ces conversations, durant les mois de janvier et février 2017, que je suis parvenu à reconstituer petit à petit ce qu'elle avait vécu pendant que moi je fuyais notre pays.

Les gendarmes sont entrés dans la maison et l'ont trouvée en état de choc à côté de nos parents.

Ce sont eux qui l'ont emmenée à l'hôpital.

Puis une amie de notre père est venue la chercher à l'hôpital et l'a gardée chez elle pendant cinq ou six mois. Cette femme a pris soin d'elle comme elle a pu, et ce n'était pas facile : Aïcha avait cessé d'aller à l'école, elle ne mangeait pratiquement plus, ne dormait plus et se mettait souvent à pleurer. Elle avait beaucoup maigri.

Après cette période, la femme lui a dit que le mieux pour elle serait d'aller vivre dans le village de notre grand-père. Là-bas, lui a-t-elle expliqué, même si tu n'as pas d'argent, tu ne mourras pas de faim.

Aïcha est partie pour le village.

On lui a souhaité la bienvenue puis, après quelques jours, une de nos grand-tantes lui a posé les conditions : « Tu es une femme, elle lui a dit, tu as dix-huit ans, tu n'es plus une enfant, si tu veux rester au village, il faut que tu te maries. » Ma grande sœur a dit non, qu'elle n'était pas prête à se marier, que ce n'était pas le moment.

Mais, peu de temps après, notre grand-tante est revenue la voir. Elle lui a dit qu'elle avait parlé à un jeune du village, « un garçon gentil et courageux », et que ce jeune était d'accord pour la marier.

« Vous allez créer une famille, a dit la grand-tante, ça te fera du bien. »

Aïcha a rétorqué qu'elle ne voulait pas, qu'elle ne connaissait pas ce garçon, elle a pleuré, protesté, mais finalement elle a dû céder.

Le village l'a mariée avec ce garçon qui ne savait ni lire ni écrire.

Il avait une maison, ils sont restés dedans.

Le matin, elle se lève avant son mari pour lui faire chauffer l'eau de sa douche.

Pendant qu'il se douche, elle lui prépare son repas.

Puis les deux partent aux champs, comme tous les autres villageois.

C'est elle qui charge sur son dos la nourriture qu'ils vont manger et les outils pour la terre, tandis que lui marche derrière et ne porte rien.

Le soir, elle s'en va puiser de l'eau, puis elle cuisine pour son mari. Quand il a fini de manger, il va se coucher, et c'est elle qui fait la vaisselle et range toute la maison avant de le rejoindre au lit.

Après quelques semaines, elle découvre qu'elle porte un bébé. Même dans le dernier mois, elle continue d'aller aux champs et de tenir la maison.

Puis elle accouche. C'est elle qui donne le lait, qui change et lave les couches, en plus d'aller aux champs, de puiser l'eau et de préparer à manger pour son mari. Lui ne s'occupe pas plus du bébé que du reste.

Moi, pendant toutes ces conversations, je me suis remis au travail comme un fou. Après avoir choisi de mourir, ma vie s'est soudain ouverte à la lumière de ce monde-ci. J'ai retrouvé ma grande sœur et, le lendemain, l'avocat m'a annoncé que nous venions de gagner « une première bataille », comme il a dit : la préfecture venait d'accepter de me délivrer un titre de séjour d'une année – soit jusqu'au 12 décembre 2017 – à la lecture des appréciations de mes professeurs (c'est en tout cas ce que j'ai envie de croire).

J'ai retrouvé ma famille.

Et je ne suis plus un clandestin.

Alors jamais je n'ai tant voulu mon diplôme de tourneur-fraiseur !

En quelques jours seulement, je rattrape mon retard – le directeur et les professeurs ont de nouveau le sourire quand ils me croisent.

Je suis en stage en entreprise durant l'hiver 2016-2017, la préfecture a renouvelé mon titre de séjour, je n'ai pas encore mon diplôme, et cependant le patron est si satisfait de moi qu'il me propose déjà un contrat d'embauche. Il trouve que je travaille bien, il me fait confiance, et la confiance qu'il place en moi me permet enfin de penser à l'avenir, à *notre* avenir : celui qui nous lie à jamais, ma grande sœur, sa petite fille et moi.

## 41.

### *Libres !*

Si moi aussi j'avais décidé de me réfugier au village après la mort de nos parents, je n'aurais peut-être pas été aussi choqué par la façon dont Aïcha était traitée par son mari. Mais je vis dans un pays – la France – où les femmes occupent partout les mêmes fonctions que les hommes, où jamais elles n'apparaissent comme les esclaves de leurs maris.

« Esclave » est le mot qui a fini par me venir à l'esprit en écoutant Aïcha me raconter sa vie de femme mariée.

Mariée de force à un homme qu'elle ne connaissait pas.

À un homme qu'elle n'aime pas.

Mais dans le lit duquel elle doit dormir.

Et qu'elle doit servir à chaque heure du jour et de la nuit, comme si le mariage lui avait retiré le droit de décider quoi que ce soit pour elle-même.

Au début, Aïcha ne se disait pas malheureuse de cette vie-là.

Je posais des questions au téléphone, et elle me répondait calmement, sans l'ombre d'un quelconque ressentiment. Elle était résignée, on aurait dit qu'elle avait oublié, avec les années, la fille qu'elle avait été au temps de nos parents – libre, lumineuse et pleine de projets.

« Tu disais que tu ne ferais sûrement pas comme maman, Aïcha, sacrifier tes études pour donner un bébé à ton mari. Tu te souviens ?

— Laisse, c'est la vie qui a décidé pour moi.

— Mais maintenant que nous nous sommes retrouvés, tu peux décider autrement.

— Que veux-tu que je décide ? Je suis là, dans le village, j'ai ma fille, un mari, une maison…

— Tu te rappelles ce que disait maman ? "Si vous étudiez, mes enfants, ça me va. Je ne demande pas plus." C'est pour rester au village, aller aux champs et préparer les repas de ton mari que tu as étudié ? Tu voulais passer ton bac et devenir médecin. Maman n'aurait pas voulu que tu restes au village, Aïcha. Que tu restes à servir un homme que tu n'aimes pas, en plus. »

Des souvenirs de notre vie d'avant, j'en disais de plus en plus. Je me sentais encouragé à parler par mes professeurs et par les éducateurs du foyer, qui me félicitaient chaque jour pour mon travail et l'avenir que je me préparais. « Vas-y, Kouamé, tu es libre, le monde t'appartient ! » C'est ce qu'ils me disaient et c'est ce que je répétais à Aïcha avec d'autres mots, bien sûr.

« Tu ne dois pas rester dans la misère où tu es, Aïcha. Tu ne mérites pas ça. Après l'assassinat de nos parents, si nous nous résignons à des vies misérables, nous allons entretenir en nous l'aigreur et la haine. Nous ne devons pas baisser les bras, nous devons nous battre pour avoir une vie digne et ainsi nous échapperons au désir de vengeance et demain nous pourrons dire à nos enfants ce que nous avons fait pour eux. »

L'avenir de sa fille est sans doute ce qui a décidé Aïcha à bouger. Qu'allait devenir Fanta au village si sa mère se résignait à s'effacer dans l'ombre d'un homme indélicat et fruste ? À son tour, elle serait mariée de force à quinze ans et tout ce dont nos parents avaient rêvé pour nous serait définitivement oublié.

Je devais trouver l'argent pour l'aider à fuir et à reconstruire sa vie. J'en ai parlé à l'un de nos professeurs, Pascal Jacquet, qui a entrepris de demander autour de lui, pour moi. Et c'est incroyable, mais beaucoup de gens ont donné : les professeurs, les éducateurs, et même des personnes qui ne me connaissaient pas. Un jour, Pascal est arrivé avec mille euros.

« Tiens, Kouamé, c'est pour toi, pour aider ta grande sœur. »

Il souriait, il était heureux, et moi j'avais du mal à croire qu'une telle chose soit possible. Ainsi est arrivé le jour où j'ai osé dire à Aïcha de partir, de fuir son mari et le village.

« Demain, je vais t'envoyer de l'argent par Western Union, Aïcha. Tu vas prendre ton enfant et tu vas t'en aller. »

Je l'ai entendue me dire « oui » et j'ai senti mon cœur s'enflammer et bondir comme le jour où j'ai appris qu'elle était vivante. Maintenant, non seulement elle était vivante, mais elle venait de décider de vivre.

L'argent, je devais l'envoyer à une de ses amies de lycée devenue institutrice dans la capitale. C'est chez elle qu'Aïcha et Fanta se réfugieraient au début. Puis Aïcha louerait un appartement et, petit à petit, elle se remettrait à marcher par elle-même dans la vie.

Un mardi matin où son mari s'était absenté, Aïcha a fait sa valise, elle a attaché sa petite fille sur son dos et elle est partie attendre le bus. Le jour n'était pas levé, elle pense que personne dans le village ne l'a vue s'en aller.

Chez nous, le village est une prison qui te fait retourner au temps des sorciers et te ferme les yeux sur le monde d'aujourd'hui. Aveugle, ma grande sœur l'était devenue et, si les enquêteurs de la Croix-Rouge n'avaient pas été aussi résolus, il est probable qu'ils ne l'auraient jamais retrouvée.

C'est cela que j'ai compris quand Aïcha, arrivée chez son amie et l'esprit enfin libre, a pu me raconter la venue des gens de la Croix-Rouge au village.

La grosse voiture blanche, frappée du sigle écarlate de l'organisation internationale, a roulé à travers le village avant de s'immobiliser sur la place. Quand les enquêteurs ont demandé à voir Aïcha, aussitôt de nombreux villageois sont venus la trouver dans sa maison pour la mettre en garde :

« Surtout, Aïcha, ne dis pas que c'est toi, parce qu'ils viennent pour t'assassiner comme ils ont assassiné tes parents. »

Aïcha, pourtant si fine et intelligente au temps de nos parents, n'a pas douté un instant de ce qu'on lui disait. Elle a vraiment cru que les gens de la Croix-Rouge venaient pour la tuer.

« C'est toi, Aïcha ? lui ont-ils demandé.

— Non, ce n'est pas moi. »

Et elle leur a désigné un monsieur et une dame dans la foule qui les entourait en affirmant qu'ils étaient ses parents.

« Bon, ont dit les enquêteurs, on va quand même te prendre en photo parce que tu corresponds au signalement que nous a donné ton frère.

— Mais moi, je n'ai pas de frère, a-t-elle protesté.

— Nous pensons, nous, que tu as un frère qui se prénomme Kouamé. C'est lui qui nous a demandé de te rechercher.

— Non, moi je n'ai pas de frère.

— Veux-tu tout de même lire cette lettre ? C'est lui qui l'a écrite pour toi et qui nous l'a confiée. »

« Quand j'ai lu ta lettre, me dit-elle, j'ai été ébranlée. Mais en réfléchissant une minute, j'ai pensé que c'était un coup monté pour m'enlever et me tuer, et je leur ai rendu la lettre. »

« Vous vous trompez, ce n'est pas pour moi. Je ne sais pas qui c'est, ce Kouamé. »

Les enquêteurs sont repartis convaincus qu'ils avaient retrouvé Aïcha, et ils ont joint sa photo à leur lettre. Mais dès qu'ils ont tourné le dos, l'affolement a gagné tout le village.

« Vite, il faut partir, il faut fuir, ont dit les gens à Aïcha et à son mari. Maintenant qu'ils savent qui tu es, ils vont revenir dans la nuit pour vous tuer. »

Et ils sont partis, avec Fanta, se cacher dans un village voisin.

## « *Kouamé,*
## *souviens-toi de la panthère* »

J'étais content, ma grande sœur était maintenant cachée chez son amie institutrice et moi j'étais embauché. Désormais, j'allais avoir un salaire et pouvoir continuer à l'aider. Je venais de lui dire que le mois prochain j'allais lui envoyer de nouveau de l'argent pour qu'elle puisse se louer un appartement, et j'avais raccroché depuis cinq minutes, quand le téléphone a sonné.

C'était son mari, il voulait me parler.

« C'est moi, j'ai dit, qu'est-ce que tu veux ?

— Je veux que tu me dises où est ma femme.

— Ta femme, c'est ma sœur, et à partir d'aujourd'hui dis-toi qu'elle n'est plus ta femme.

— Elle est ma femme, et ce n'est pas toi qui vas m'empêcher de la reprendre.

— Si tu veux tout savoir, elle est partie pour le Ghana et tu n'auras pas assez de toute ta vie pour la retrouver. »

C'était un mensonge, mais comme ça j'étais sûr qu'il n'irait pas la chercher chez nous.

Dans les semaines suivantes, il m'a appelé presque tous les jours.

« Elle est partie avec ma fille, elle n'a pas le droit, je suis le père.

— Ne te fais pas de souci pour ta fille, maintenant c'est moi qui m'occupe d'elle. »

Certains jours, c'était chaud, il se mettait en colère, il me menaçait.

Et puis il a compris qu'il devait trouver une autre femme et il ne m'a plus téléphoné.

Aïcha et Fanta habitent aujourd'hui un appartement dans la capitale où nous avons grandi, mais à l'opposé de notre ancien quartier. Aïcha a changé de nom pour que ni les assassins de nos parents ni son mari ne puissent la retrouver.

Depuis six mois, au jour où je finis ce livre, elle a ouvert un petit commerce. Elle vend des chaussures et des habits pour les enfants, des mèches pour les femmes, et ça marche si bien qu'elle pourrait maintenant se passer de l'argent que je lui envoie. Mais je lui dis de le mettre de côté pour le jour où elle va vouloir s'agrandir.

Elle et moi espérons en l'avenir, désormais, puisque j'ai un contrat de travail à durée indéterminée qui devrait convaincre la préfecture de prolonger mon permis de séjour.

Tous les jours, Aïcha et moi nous parlons sur Skype.

« Quand je te vois, elle me dit souvent, je vois à la fois papa et mon petit frère. »

Et moi aussi, quand je la vois, je vois à la fois maman et ma grande sœur.

Nous nous sentons mutuellement responsables l'un de l'autre, c'est très fort, c'est très lourd.

Ce sont elles, Aïcha et Fanta, qui me donnent la force de vivre, le courage, chaque matin, de me lever pour aller au boulot. Si je n'ai pas envie de faire quelque chose, je me dis aussitôt : « Kouamé, fais-le quand même, sinon elles ne vont pas manger, elles ne vont pas avancer dans la vie. » Et ma grande sœur raisonne comme moi. « Quand je me lève le matin, je te vois, elle me dit, et c'est toi qui me donnes la force et l'envie de vivre. »

On se voit sur l'écran de l'ordinateur, mais on ne s'est pas encore revus en vrai. J'envisage de retourner là-bas pour deux ou trois semaines – le temps de mes vacances – durant l'été 2018. Alors, pour la première fois, je pourrai prendre Fanta dans mes bras et embrasser Aïcha après une coupure qui aura duré cinq années et huit mois.


Et après ? Et plus tard ?

J'aurais pu être un homme comme les autres, comme notre père, construire une famille, exercer un métier qui corresponde à ma vocation, mais après l'assassinat de nos parents ma vocation a changé de nature. Je rêvais de devenir professeur – aujourd'hui je rêve d'ouvrir un orphelinat dans le pays où nous sommes nous-mêmes devenus orphelins.

Je sais la souffrance que tu éprouves quand tu perds tes parents trop jeune, l'épouvante, la solitude, le vide, l'envie de mourir qui te saisit – parce que tu n'as pas les mots pour exprimer autant de détresse. Celui qui n'a pas ressenti cette douleur ne peut pas en mesurer la profondeur et la permanence. Moi, je la porte à chaque instant, à chaque heure du jour, et je sais qu'elle va me donner les mots pour soulager le chagrin des enfants qui ont vu mourir leurs parents. L'Espagne, puis la

France, sont venues à mon secours – sans la main que ces deux pays m'ont tendue je ne serais certainement plus là aujourd'hui. À mon tour, je vais tendre la main aux enfants qui ont tout perdu.

Au moment où sortira ce livre, je fêterai mes vingt ans.

Alors je vais vous dire comment je me vois dans dix ans : entouré d'enfants orphelins. Je suis bien placé pour les écouter, pour lire dans leurs yeux ce qui les traverse, et pour leur parler. Tous ensemble nous discuterons beaucoup, je les écouterai et ils m'écouteront, nous partagerons nos peines, mais aussi je leur ferai des blagues, on jouera le foot ensemble, on jouera toutes sortes de jeux ensemble, et on rigolera bien, dis donc.

Se parler, s'écouter, se donner mutuellement de l'espoir, et rire – voilà ce que j'ai appris des années difficiles. Voilà ce que je leur transmettrai.

« Le chien qui a vu la panthère, disait mon grand-père, ne courra plus jamais de la même façon que celui qui ne l'a pas vue. »

« Kouamé, je me dis tous les jours, souviens-toi de la panthère, toi qui l'as vue. Ne l'oublie jamais. »

# Remerciements

Merci à ceux qui m'ont sauvé la vie et accueilli : sœur Claudine, la marine espagnole, la Croix-Rouge, les États espagnol et français.

Merci à tous ceux qui m'ont soutenu et accompagné dans l'écriture de ce livre : Pascal Jacquet, mon professeur de français ; toute l'équipe de l'école de production de l'Icam ; tous les éducateurs du foyer San Francisco ; l'équipe des éditions XO, et bien sûr Lionel Duroy.

Découvrez
des milliers de
livres numériques chez

# 12-21

➜ *www.12-21editions.fr*

*Cet ouvrage a été composé et mis en page*
*par Nord Compo à Villeneuve-d'Ascq*


*Imprimé en France par* CPI
en mars 2019
N° d'impression : 3032655


POCKET – 12, avenue d'Italie – 75627 Paris Cedex 13

S29222/01

## PHOTOGRAPHERS

**Gabriele Basilico**
Duomo, pp014-015
Milan City View, inside
front cover

**David Berni**
Vals, pp100-101

**Ugo de Berti**
Tingo Design Gallery,
pp046-047

**Sophie Delaport**
Vigilius Mountain Resort,
pp102-103

**Patrice Hanicotte**
Pirelli Tower, p010
Torre Velasca, p011
Torre Branca, p012
Cimitero Monumentale,
pp042-043
Princi, pp044-045
Pasticceria Cucchi, p049
Moscatelli, p055
Antonia Giacinti, p063
Teatro Armani, pp066-067
Bulgari Spa, p089

**Andrea Martiradonna**
Martini Bar, p054

**Alberto Narduzzi**
Galleria Vittorio
Emanuele 11, p013
Town House Galleria, p036

Studio Museo Achille
Castiglioni, p041
Osteria La Carbonaia Mare,
p052
Da Giordano Il Bolognese,
pp056-057
Alla Collina Pistoiese, p058
Il Baretto al Baglioni,
pp060-061
Villa Figini, p068
Corso Italia Complex, p069
Chiesa di San Francesco,
pp070-071
Dolce & Gabbana Beauty
Farm, p092
Barbiere, p093

**Philippe Rualt**
Fiera Milano, p065

**Jazon Tozer**
'Nodo' lamp, p076
'Putrella' dish, p077
'Dezza' chair, p079
Aspesi jacket, p080
Laura Urbinati lingerie,
p081
Valextra bag, p085
Ebony brush, p087

# MILAN
## A COLOUR-CODED GUIDE TO THE CITY'S HOT 'HOODS

**MAGENTA**
Da Vinci's famed *Last Supper* suddenly finds itself in the most chichi part of town

**SEMPIONE**
The point of arrival for trains from Malpensa and the spiritual home of Italian design

**DUOMO ZONA GALLERIA**
The Duomo might be clad in scaffolding, but the area around is also having a makeover

**GOLDEN TRIANGLE**
Upscale shopping central. If you can't buy it here, you probably can't buy it anywhere

**BRERA**
An interesting art and foodie scene is clustered in the streets behind La Scala

**ZONA TORTONA**
Always central during the annual Salone del Mobile, this is an area firmly on the rise

For a full description of each neighbourhood,
including the places you really must not miss, see the Introduction